Mulher, pra que religião?

Uma crítica aos conselhos conservadores
da pastora Ana Paula Valadão

Nina Rosas

"Não sou livre enquanto outra mulher for prisioneira, mesmo que as correntes dela sejam diferentes das minhas." – Audre Lorde

Dedico este livro à minha filha, com votos de que ela seja mais feliz do que eu na árdua tarefa de ser mulher.

Sumário

Prefácio

Dispor-se a analisar, criticar e por vezes discordar de uma das mulheres mais admiradas e poderosas do cenário religioso brasileiro não requer apenas coragem, requer lucidez. Dito isso, reforço de antemão que este livro de Nina Rosas é, antes de tudo, lúcido. Lucidez vem da ideia de lançar luz, claridade, e também se atribui à condição de sagacidade, percepção atenta. É disso que se trata essa obra e essa análise dos discursos da pastora Ana Paula Valadão, uma das líderes da Igreja Batista da Lagoinha e fundadora do Diante do Trono, uma grife, praticamente, que, entre outras coisas, tem música.

E é preciso lucidez ao abordar esse assunto, pois como a autora nos mostra no transcorrer das páginas, os ensinamentos passam por interpretação bíblica, por vezes condicionada ao tempo e lugar de fala de quem a profere, ignorando, intencionalmente ou não, todas as nuances de aplicação na vida de quem ouve, uma vez que numa igreja tão heterogênea não é possível condicionar todas as ouvintes num só recorte social, por exemplo. Do seu ponto de vista acadêmico, ainda que com um conhecimento cristão, Nina é honesta ao mostrar pontos em que aprendeu com a experiência religiosa estudada e ao enfatizar alguns discursos que não encontram mais eco na sua vivência, tão similar à de tantas outras mulheres modernas que não acham tão normal assim sempre ser o fator de moderação num casamento e receber o peso do insucesso deste, num claro desmando da orientação de submissão.

Esse ponto, aliás, é nevrálgico na obra de Nina, que vê ali um confronto com seus próprios alicerces morais e nos convida a refletir sobre a submissão propagada no púlpito por Valadão e suas companheiras. Confesso que para mim, autora de um livro sobre tal temática, foi interessante observar o desconforto de Nina com algumas premissas. Desconforto esse que certamente será vivenciado pelas mulheres modernas e independentes que lerão essa obra. Uma vez que, inundadas pelo discurso feminista moderno, é quase uma luta aderir a certas orientações bíblicas no tocante à premissa de submissão.

Mas analisar o discurso de uma líder tão proeminente ajuda no quê, afinal? Bom, antes de tudo é importante lembrar que os evangélicos no Brasil não são apenas um grupo volumoso de pessoas, mas uma massa consumidora, ditadora de regras, com uma bancada parlamentar barulhenta e conectada, além de ativa em redes sociais e força política capaz de eleger alguém como Jair Bolsonaro. É um grupo de pessoas que cria filhos e a eles transmite valores e julgamentos que, por sua vez, moldarão outra face de nossa conduta social. Logo, observar os discursos de Valadão e suas variantes, uma vez que ela se faz também objeto de replicação e admiração por suas seguidoras, é observar um andamento social vigente.

Ao reforçar as diferenças sociais das mulheres na comunidade Lagoinha, das que chegam de ônibus e roupas de lojas populares e abraçam outras que chegam de carro próprio, roupa de grife e têm empregada em casa, Nina nos convida a entender um universo no qual a pauta religiosa exclui a aplicabilidade de certos ensinamentos, uma vez que o estrato social já condiciona comportamentos díspares, levando à infindável busca por acertar naquilo que é impossível de alcançar, seja na rotina com os filhos, na aparência social, no rebuscamento de ações ou na transigência conjugal.

Por fim, recomendo essa obra a todos que, como eu, com o pé na realidade, não excluem a dimensão religiosa de suas vidas, mas a consideram vital, contudo, sem anacronismos fugazes que interessam apenas àqueles que usam a Palavra de Deus a seu discurso, deixando de olhar ao redor e seguir o Deus desse discurso. Bem pesquisado, bem escrito e bem necessário. Este é o livro.

Fabiana Bertotti

Escritora, jornalista e palestrante

Introdução

Em setembro de 2019, Justin Trudeau, primeiro-ministro do Canadá e conhecido por hastear bandeiras progressistas, foi exposto por seu envolvimento em episódios racistas.[1] Trudeau teria usado por três vezes o *black face* – pintura da pele clara com tinta escura, originada no âmbito do teatro, e que permitia que a encenação das peças fosse feita por brancos, já que o local era vedado aos negros até quase a metade do século 20. A prática, que inferioriza o negro e permite que a discriminação continue se perpetuando, levou Trudeau à seguinte atestação, parte de seu pedido de desculpas: "Com todas as minhas camadas de privilégio, não consegui enxergar isso, e sinto muito."

Quando me deparei com a frase acima, não pensei em mais nada a não ser nas muitas mulheres que julguei ao longo dos anos por entre as minhas várias camadas de privilégio. Eu, uma mulher branca, de classe média, com boa parte da educação em escola privada, graduada, mestre e doutora, professora universitária pesquisando a pastora Ana Paula Valadão.[2] Outra mulher cheia de privilégios, que teve uma infância em um bairro nobre da cidade, fez viagens sem os pais já quando criança, com a Jocum,[3] e cantava no coral da igreja. Após o ensino médio, começou a cursar Direito, mas largou para estudar na famosa escola teológica *Christ for the Nations Institute*, nos Estados Unidos, com o apoio e custeio de seus pais.

Voltando ao Brasil, Ana Paula criou o Diante do Trono, que começou como um grupo musical, mas se tornou uma marca a reunir seus muitos projetos: CDs e DVDs de adoração, canções para crianças, centro de treinamento em missões, escola de música, dança e teatro, cultos, acampamentos, congressos diversos, caravanas a Israel e Jordânia, cruzeiro marítimo, Bíblia, marca de roupas, participação em programas de TV, diversas redes sociais. Por mais que levassem o nome de um grupo, nenhuma das iniciativas acontecia sem ela. Minha sina por pesquisá-la foi tamanha que tenho dedicado anos tentando entender sua influência no meio evangélico e além.

Valadão é a encarnação dos ensinamentos cristãos que recebi por quase toda a vida e de muitas das minhas angústias e questionamentos. Mas enquanto eu me desvencilhava da religião, ela buscava ser, das evangélicas, a mais exemplar.

Em 2011, após ter passado nova temporada nos Estados Unidos, Valadão deu início aos cultos e congressos voltados para mulheres, que reuniam entre seis e nove mil fiéis em cada edição. Neles, fez afirmações polêmicas. Falou que era feio mulher ter bigode, que obesidade não combinava com liderança religiosa, que as mulheres deveriam ser submissas aos homens em tudo e que negar sexo ao marido é um pecado. Usou as redes sociais para promover um boicote a marcas que apoiassem a causa de gays e lésbicas e fez campanha aberta para a ex-senadora Marina Silva e para o atual presidente Jair Bolsonaro.

Nunca escondeu que ganhava mais que o marido; também nem poderia, sua alta renda era óbvia. Assinou contrato com a Som Livre e chegou a participar de programas de televisão de grande audiência, como o Domingão do Faustão.

Mas o que isso tem a ver com Trudeau? Em 1971,[4] seu pai, na época também premiê, defendeu que o Canadá adotasse uma política pautada no multiculturalismo e na diversidade. De 2015 em diante, o filho recebeu refugiados da Síria, tentou ser sensível à população indígena e LGBT[5] e montou um ministério evocando a igualdade de gênero. Três anos depois, do lado de cá, observou-se o movimento oposto. O Brasil elegeu um presidente de direita, defensor da família tradicional (heteroafetiva e monogâmica), do armamento da população, de uma economia liberal e que indicou uma pastora, outrora vinculada à igreja de Valadão, para o Ministério da Mulher, da Família e dos Direitos Humanos.

Ela, Damares Alves, narrou ter visto Jesus em uma goiabeira quando pretendia tirar a própria vida;[6] foi acusada de ter sequestrado uma indígena dos Kamayurá;[7] além de ter afirmado na Conferência de Ação Política Conservadora que "nenhuma menina introduziu crucifixo na vagina" – frase que usou para ironizar as críticas que sofre por ser uma conservadora radical, às quais ela atribui advir da esquerda política (pretensamente unificada).[8]

Se, de um lado, há pastoras ganhando projeção política, de outro, assuntos políticos se tornam temas de lideranças eclesiásticas influentes, como Ana Paula Valadão, que fala de sociedade, feminismo, aborto e homossexualidade. Ela também trata de casamento, família, criação de filhos, carreira, sexo, alimentação, saúde e cuidados com a aparência – assuntos que se tornam políticos à medida em que revelam relações de poder e raízes sociais que colocam certas pessoas em situação de desvantagem.

Concordando ou discordando de Valadão, um mergulho no oceano de seus ensinamentos ajuda a questionar não apenas os valores defendidos por essa religiosa, mas as camadas de privilégio que possuímos (ou você não possui?) sem nem nos darmos conta.

1. Entedendo um pouco de evangélicos e de estudos sobre mulheres

Este livro é inspirado em um dos capítulos da minha tese de doutorado,[9] mas, ao escrevê-lo, reduzi ao máximo a literatura especializada e inseri muitas impressões e experiências pessoais, impossíveis de serem compartilhadas naquela ocasião, segundo os parâmetros de um trabalho acadêmico. Trago agora um olhar mais amadurecido e endurecido após a experiência da maternidade, uma completa e absoluta reinvenção do meu casamento e as reflexões que pertinentes questionamentos de alunos e colegas de trabalho me suscitaram. Mas, antes de descortinar esse universo no qual me emaranhei por tantos anos, preciso fazer, ainda que de forma muito breve, algumas considerações sobre quem são os evangélicos, a que mulheres eu me refiro e o que é uma abordagem sociológica.

O Brasil é de maioria cristã. Segundo o último recenseamento feito pelo Instituto Brasileiro de Geografia e Estatística (IBGE),[10] são pelo menos 64,6% de católicos e 22,2% de evangélicos, o que representa quase 90% da população confessando a fé cristã. Esse levantamento oficial, no entanto, data de praticamente dez anos e há estimativas mais recentes de que os evangélicos já sejam 29%.[11] Exercícios de projeção demográfica sugerem que, até 2032, este grupo ultrapassará o de católicos.[12] Entre os evangélicos, predominam negros (pardos e pretos), pessoas de baixa escolaridade e mulheres, somando mais de 23 milhões de pessoas.

Embora entre católicos haja muitos "não praticantes", podemos dizer que, em termos de moralidade, uma boa parte deles se alinha com os "praticantes" e também com os evangélicos. Isto é, quando falamos de temas como a exposição do corpo e da nudez feminina, o aborto, a infidelidade marital e as práticas homoeróticas, percebemos certo direcionamento a uma postura conservadora. Ainda assim, os evangélicos são mais tradicionais que os católicos em todos os sentidos.

Pesquisa do Datafolha[13] divulgada em 2016 mostra que 85% de católicos e evangélicos acreditam que as escolas deveriam ensinar a crença em Deus e a prática da oração. Já sobre o aborto, 64% dos evangélicos pensam que uma mulher deveria ser processada ou ir para a cadeia em caso de interrupção voluntária da gravidez. Entre os católicos, 58% têm a mesma opinião.

O mais importante ao trazer esses dados é compará-los com os percentuais observados quando olhamos para o total de brasileiros. Essas estatísticas são muito similares, em média, na população: 79% dos brasileiros são a favor da educação religiosa nas escolas; 56% são favoráveis a criminalizar a mulher pelo aborto. A divergência de opinião surpreende quando o assunto é a adoção de crianças por casais homossexuais. Enquanto 64% dos evangélicos são contra, 56% dos católicos são a favor, número ainda um pouco maior que o da população em geral, cuja concordância é de 49%.

Cabe dizer que, para os evangélicos, os valores morais conservadores não se fundamentam apenas na tradição, mas na convicção de que suas interpretações, baseadas na Bíblia, refletem a imutável vontade divina.

Apesar disso, o grupo de evangélicos é bastante heterogêneo, abrigando em seu bojo um amplo espectro de teologias e opiniões. Ao passo que há nomes como os pastores Silas Malafaia e Marco Feliciano, este também deputado federal e conhecido por suas muitas críticas à homoafetividade, há, por outro lado, a Frente de Evangélicos pelo Estado de Direito.[14] Esta, criada em 2016, se posiciona contra governos que façam recuar os ganhos democráticos e os direitos adquiridos, o armamento da população, além de qualquer prática de ódio ou aversão às mulheres. Portanto, ainda que os evangélicos progressistas sejam minoria, eles rompem com os padrões mais conservadores ao dialogar com teologias negra, feminista e *queer*.[15]

Outro ponto a ser ressaltado diz respeito às definições sobre gênero(s). Os estudos dessa área são tantos e tão pouco consensuais, havendo muitas correntes, perspectivas e militâncias, que um livro não bastaria para descrevê-los. Mas eis algumas ponderações para um primeiro contato com a temática em questão.

As reflexões das ciências sociais se dividem, grosso modo, em duas. De um lado, há aqueles que acreditam haver uma base biológica (que diferencia os indivíduos em macho e fêmea) e sobre a qual se constroem as variações culturais e psicológicas, as expectativas e os papéis sociais de masculino e feminino. A estrutura biológica não é considerada determinante do comportamento, mas é vista como ligada a processos de aprendizagem, ou seja, à cultura – da família, da escola, da mídia e de outras instituições socializadoras, como a igreja. De outro lado, há teóricos que acreditam que tanto o sexo biológico quanto o gênero são construídos socialmente, dado que são dimensões sujeitas ao agenciamento humano, ou seja, podem ser completamente transformadas pelas decisões e intervenções das pessoas, ainda que isso implique um alto custo material, físico e psicológico. Essa corrente postula que identidades sexuais e de gênero não são reais, naturais, fixas ou atribuídas; ao contrário, são criadas e recriadas dentro de discursos, de redes de significados, invariavelmente ligados às relações de poder. Em sociedades ocidentais, por exemplo, seriam criadas principalmente por um pensamento que coloca a heteroafetividade/heterossexualidade como uma norma.

Com isso em vista, deixarei as muitas identidades e expressões sexuais e de gênero possíveis de fora da abordagem que segue adiante. O foco será as mulheres. Tomar esta categoria como quase fixa seria sobremodo problemático para certos estudos. Mas, ao menos nas religiões cristãs, ainda se percebe uma definição muito forte do que é ser mulher. Entende-se o feminino não como uma construção social mutável, mas como um substrato invariável determinado por Deus. A isso chamamos de essencialização. Nesse sentido, também falarei de homens e da combatida homoafetividade, dado que a mulher e sua sexualidade são concebidas em relação a estes. No décimo capítulo, fornecerei um rápido olhar sobre parte dos movimentos feministas, mas antecipo que estes são plurais e, por lidarem com conceitos fluidos e instáveis no que se refere a gêneros e sexualidades, geram incômodo inclusive no meio acadêmico, sendo que, até mesmo por lá, essas militâncias ainda buscam legitimidade. Inclusive entre alguns estudiosos menos conservadores elas não são unanimidade, afinal, as ciências sociais não estão completamente livres de preconceitos e reservas.

Ainda assim, a sociologia preza por dar um tratamento objetivo a seu objeto. Reconhece que não há neutralidade, mas defende que os pesquisadores evidenciem todas as condições de sua investigação e produção, incluindo a própria subjetividade. Nesse sentido, se compromete a pôr em evidência as observações sem definir nem defender certos e errados.

As afirmações que faço nas páginas que seguem não buscam desconsiderar a fé, mas apontar as consequências das ações pautadas por ela, certamente não premeditadas e, muitas vezes, nem mesmo mensuradas pelas lideranças religiosas e suas igrejas. Friso que as mulheres e os homens que pesquisei são pessoas de bem, e, como disse a teóloga Sandra Duarte de Souza,[16] é preciso lidar com o grande desafio de reconhecer a legitimidade epistemológica dos sujeitos religiosos. É preciso reconhecer que tais indivíduos são capazes de acionar um conjunto de saberes, elaborar e reelaborar o pensamento, e sustentar uma narrativa e até mesmo uma biografia coerente com o sistema de valores que eles elegem como legítimo.

Entre 2011 e 2014, fui a incontáveis cultos na Igreja Batista da Lagoinha, na qual Ana Valadão foi criada e passou a maior parte da vida. Lá, seu pai é o pastor titular há mais de 40 anos. Lagoinha localiza-se em um bairro próximo ao centro de Belo Horizonte, e é ladeada por uma das principais avenidas da cidade. Pode-se dizer que, para além de se declarar batista, a congregação apresenta traços carismático-pentecostais, isto é, pessoas – incluindo líderes – que dizem ter experiências com o Espírito Santo. Ainda que isso não seja vivenciado por toda aquela comunidade de crentes, essa perspectiva é abrigada sem conflitos dentro dela.

Assisti a Ana Paula e seu Diante do Trono em 28 programas de televisão de canais não religiosos ou ligados a outras igrejas e em 130 vídeos que faziam a cobertura de *shows*, cultos e palestras ocorridas em Belo Horizonte e em outras regiões do país. Li um pouco mais de 200 reportagens sobre eles, além de muitos livros, incluindo os dois de autoria da cantora.[17] Ouvi inúmeras vezes os, até aquela época, 17 álbuns mais importantes do grupo e fui a 45 eventos organizados por Valadão. Destes, 33 eram cultos e congressos voltados apenas para mulheres. Ana Paula disse, certa vez, que tem ouvido mais testemunhos sobre o impacto de seus cultos e congressos para mulheres do que propriamente de suas canções.

Falei pessoalmente com ela em 2014. Uma mulher de estatura baixa, olhos expressivos, sorriso alinhado e um tom de voz delicado e simpático. Simples no trato, mas com uma capacidade de articulação verbal muito surpreendente.

Terminei a coleta de dados com dez entrevistas realizadas com aqueles que eram componentes da formação musical na ocasião. Entre 2015 e 2019, acompanhei diversos feitos da pastora, sobretudo à distância,[18] porque, em agosto de 2015, ela se mudou com o esposo e os filhos para Dallas, Texas, e, em março de 2018, anunciou fixação de residência em Boca Raton, Flórida, para a implantação da igreja *Before the Throne*. Ainda assim, permanece fazendo visitas frequentes ao Brasil.

Os diálogos e as falas que apresento foram retirados do meu caderno de campo, que nada mais é do que um extenso diário no qual eu escrevia durante os cultos e fora deles. Com algumas adaptações, transpus a opinião das minhas pesquisadas da forma mais fiel que pude, mas eventuais falhas são comuns quando lidamos com materiais qualitativos, pois estes dependem diretamente da memória e das percepções do pesquisador. No entanto, a maioria dos trechos apresentados são literais, pois foram retirados de gravações em vídeo que se encontram disponíveis em diversos canais do *YouTube*, incluindo o do Diante do Trono.[19]

Deixei a Igreja Presbiteriana aos 18 anos, mas passei mais quase dez anos frequentando uma comunidade que, na época, era ligada a uma denominação evangélica estrangeira. Aos poucos fui encontrando expressões de amor em lugares bem distantes da religião, o que me fez abandonar quaisquer vínculos institucionais e uma boa parte da fé cristã. Então, discordo de muitos dos ensinamentos evidentes nos *shows*, cultos e eventos dos quais participei. No entanto, vi uma devoção genuína em indivíduos realmente entregues ao que imaginam ser os pés e o altar de Deus. E vi pessoas preocupadas em agir no mundo (com doações, orações, voluntariado etc.), ainda que muitos nada compreendam da história das militâncias sociais e sejam analfabetos quanto a dinâmicas e conceitos do campo da assistência.

Quando eu tinha pouca experiência acadêmica, temia pelo que as pessoas religiosas que pesquisei fossem pensar caso lessem o que escrevi. Também me intimidava ao pensar qual seria o olhar dos meus familiares, amigos e pessoas próximas cujos valores fossem aqueles que porventura eu criticava. Mas aprendi que as pessoas que possuem uma fé têm orgulho de serem como são. Elas, inclusive, têm prazer em suas radicalidades, não se envergonhando pelo que defendem como, talvez, muitos de nós nos envergonhamos quando escrevemos. Ter essa perspectiva me destravou. Passei a não ter medo de pensar do meu jeito ou de expor as vozes dissonantes que se ouvirão a seguir. Esse é, dos subterfúgios, o mais seguro e pacífico que conheci para lidar com os conflitos que eu tinha e que já nem deixam rastros mais.

2.   A mulher virtuosa está sobrecarregada

Minhas pesquisadas acreditam piamente que Deus designou que a mulher seja de uma maneira específica. E isso não seria apenas uma vontade, mas uma ordenança, um propósito eterno determinado pelo Pai.

A maior parte dos encontros que presenciei, sem qualquer exagero, eram reuniões de três horas. Iniciavam-se com as canções. Um número imenso delas compostas e cantadas por Valadão. *Hits* religiosos que, mesmo para mim, que já não frequentava uma igreja, eram conhecidos de cor. Mãos se erguiam. Cabeças eram levantadas e balançavam ao ritmo das músicas. Troncos iam de um lado ao outro, fazendo um movimento leve, apesar do espaço muito apertado entre os bancos. O templo ia se enchendo aos poucos, mas uma hora antes do início do evento as melhores posições já estavam ocupadas. Muitos televisores ficavam ligados, de modo que era possível ver o altar (palco) de qualquer ângulo em que se estivesse. Mulheres de salto alto e maquiagem. Umas vinham do estacionamento da igreja ou das ruas paralelas; várias subiam do ponto de ônibus mais próximo; todas se aglomeravam como em um formigueiro. Pardas, pretas, brancas. De idades bastantes diversas, e entre 20 e 80 anos, ouso dizer. Tinha de todas. Quase todos os cultos beiravam a seis mil delas.

Durante as canções, as mulheres passavam as mãos suavemente entre as clavículas, ou as encostavam sobre o peito. Era o coração que estava aquecido. Lágrimas desciam incontidas. Lamúrias. Murmúrios. Palmas das mãos abertas erguidas para cima, se mexendo como se tocassem em algo invisível. Eram movimentos de afirmação. Ao fundo, os instrumentos. E, em coro, vozes femininas de todos os timbres entoando: "Longe de Ti não quero ficar | Longe do Teu amor não posso viver | Leva-me até aquele lugar | De intimidade e comunhão | Pelo Teu Espírito | Leva-me, Senhor, aos Teus rios | Leva-me em Teus braços ao lugar secreto da adoração" (música: Leva-me, Diante do Trono).

Arranjos sempre muito simples, mas músicas comoventes. Nas palavras de crente? Unção. A voz que predominava era dela – Ana Paula. Trajes muito bem escolhidos. Maquiagem. Penteado. Nunca a vi sem saltos. Joelhos diversas vezes no chão:[20]

Cinegrafistas registravam as cenas mais comoventes. A transmissão do canal da igreja (Rede Super) era feita ao vivo. Ainda que com uma sonorização de baixa qualidade, eu achava fantástico poder assistir de casa se alguma razão de força maior me impedisse de comparecer. Mas presencialmente não estive apenas no ano em que morei em Los Angeles para fazer parte da pesquisa de doutorado.

Após as canções, de suaves a bem animadas, eram dados vários avisos. Falava-se dos ministérios da Lagoinha – Casa Rosada e Mulheres em Ação – destinados a acolher mulheres de todos os perfis: casadas, divorciadas, viúvas ou cujo cônjuge não fosse convertido. A elas eram oferecidos diversos cursos de capacitação, suporte emocional e ajuda terapêutica.

Após os avisos, divulgavam-se os parceiros que haviam feito doações de itens para que fossem dados como brindes às fiéis. Livros, Bíblias, CDs, camisetas, maquiagens, sessões de sobrancelha, serviços de manicure e pedicure, cestas de café da manhã, *voucher* para jantares etc. Às vezes, havia alguma homenagem a uma religiosa presente; geralmente uma mulher mais velha ou líder dentre elas. Havia também divulgação de obras literárias e de álbuns musicais. Em seguida, orientações de moda (sobre as quais falarei no próximo capítulo), uma sessão mais informal de bate-papo, reunindo em torno de cinco preletoras, e a pregação.

Esteja sempre com o *freezer* cheio

Repetida inúmeras vezes nos cultos, congressos e eventos, em partes ou na íntegra, a principal referência da vontade divina para a mulher era retirada de Provérbios 31:[21]

> Mulher virtuosa, quem a achará? O seu valor muito excede ao de rubis. O coração do seu marido está nela confiado; assim ele não

necessitará de despojo. Ela só lhe faz bem, e não
mal, todos os dias da sua vida. Busca lã e linho, e
trabalha de boa vontade com suas mãos. Levanta-
se, mesmo à noite, para dar de comer aos da casa,
e distribuir a tarefa das servas. Examina uma
propriedade e adquire-a; planta uma vinha com o
fruto de suas mãos. Faz para si cobertas de
tapeçaria. Abre a sua boca com sabedoria, e a lei
da beneficência está na sua língua. Está atenta ao
andamento da casa, e não come o pão da preguiça.

É com tal imagem em mente que Valadão compôs uma música na qual se ouvia: "Mulheres virtuosas, mais do que joias preciosas, nesta geração vamos brilhar."[22]

Ana enfatizava que o modelo bíblico de feminilidade é o de uma mulher sempre ocupada e que não dependeu do feminismo dos anos 1960 para estabelecer suas atividades. Mulher que não apenas é capaz de cuidar do marido e dos filhos, como ainda é generosa com outras pessoas. É linda, organizada e está sempre com o *freezer* cheio para receber visitas. Empreende diferentes frentes de trabalho, orienta os empregados (tem empregados!) e impulsiona o esposo, entendendo que desse incentivo depende o sucesso alcançado pelo homem.

Não é dominadora, não reclama, não entra em rixas. Não é maledicente, fofoqueira, grosseira nem invejosa. Deve ser gentil, delicada, graciosa, hospedeira, sábia, "suave", discreta, sem agitação, grata, cheia de fé, conhecedora da Bíblia, contida e com "espírito ensinável". Não deve falar palavrão, nem se orgulhar, se irar, guardar rancor ou se alegrar com injustiças. Deve ser mansa, prudente, moderada, controlada em relação a paixões e desejos, obediente, bondosa, perdoadora e pacificadora.

Sua maior arma seria a docilidade em vez da sensualidade. E Valadão acrescenta: "Deve estar sempre arrumada em casa, seja para atender quem bate à porta, seja para estimular o marido ou, no mínimo, conservar a autoestima elevada."

Ou seja, deve ser uma escrava sempre com a cara boa. E não surpreende que esteja sobrecarregada de tanto tentar dominar-se.

Seu espelho é distorcido?

Em um dos eventos no qual compareci observei um longo diálogo sobre autoestima. Falava-se da dependência que as mulheres possuem de sua estética física, da necessidade da figura materna e paterna para a construção de uma autoestima saudável e do modo como apenas Deus pode assegurar o verdadeiro valor das mulheres. As líderes diziam que uma autoestima equilibrada é uma autoestima curada. E completavam: "Toda mulher livre na sua alma não tem problemas com o espelho."

Como emblema do assunto, em 2013, o tema do congresso de mulheres foi "Olhando no espelho". *Kits* para recepcionar as fiéis continham um pequeno espelho, pois o objetivo era discutir as imagens que elas usavam como referências e o modo como viam a si mesmas. Valadão dizia: "Aquilo que contemplamos tem o poder de nos transformar, se torna a nossa meta. Aquilo que adoramos se transforma em nossa própria imagem."

A principal pregação deste evento era sobre os vários tipos de espelhos existentes e quais as consequências de se acreditar naquilo que eles projetavam. De um lado, haveria o único espelho verdadeiro, que seria o Senhor Jesus. E, de outro, os espelhos deformadores, que seriam espelhos de mentiras e teriam a ação de Satanás por detrás. Seriam todas aquelas práticas/coisas que ocupam o lugar de Deus.

O primeiro seria o espelho da sociedade, isto é, os padrões, quer sejam bons ou ruins, presentes no mundo. Seria o poder das trevas, que seria expresso na manipulação das massas, nas produções de moda, na TV, nos cinemas, nas mídias, nas revistas de fofoca e nas novelas. Padrões que estariam reforçando o adultério, a homossexualidade, a agenda feminista e a beleza pautada na magreza e na altura. Espelhos que enfatizariam o consumo e a falsa necessidade de roupas, bolsas e sapatos novos. Para Valadão, as mulheres cristãs não podem se conformar a esses modelos, mas devem resisti-los, boicotá-los e se transformar pela renovação da mente.

O segundo espelho citado é o do passado. Seria remoer atitudes que já deveriam ter sido superadas, como traições, abusos físico e moral, abortos, medos, culpas, amarguras, mentiras e falta de perdão. Satanás novamente estaria por trás desse espelho, pois é um acusador. As mulheres precisariam, por sua vez, confessar os pecados e abandoná-los. O terceiro espelho mencionado é o das expectativas frustradas. Esse seria o espelho do "se". Se eu tivesse feito isso, se possuísse aquilo, se tivesse tomado tal direção iria ser feliz. Valadão o via como a arma de Satanás para fazer as pessoas acreditarem que a única coisa que elas não têm é o que de fato traria a felicidade.

Valadão instruía às fiéis a escrutinar os pensamentos para saber quais imagens elas têm introjetado. Ela dizia: "Teste suas frases finalizando-as com 'em nome de Jesus'. Isso trará o que está sendo sussurrado em sua mente. Se é 'eu sou uma fracassada', 'eu desisto', não pode terminar com 'em nome de Jesus', né?" O correto, ensinava ela, é: "vou tentar de novo" e "vou conseguir".

Quando ouvi essas orientações, eu estava morando na Califórnia e havia perdido aproximadamente nove quilos do peso que tive nos anos anteriores. Meu bairro tinha várias opções de mercados orgânicos e eu e meu marido comíamos frequentemente em um restaurante mexicano de rede, que oferecia várias opções de frango, feijão e salada. Caminhávamos na praia semanalmente e todos os dias dentro do campus. Fazíamos exercícios em casa também, pela televisão; algo bem comum naquele contexto cultural. Tenho várias fotos da época, e não me achava magra nelas. Três anos depois, eu continuava com o mesmo corpo e, em uma foto de biquini, tirada em outra viagem, lembro de ver meu corpo como gordinho, com uma barriga saliente. A questão é que eu nunca estive tão magra na vida como estava naquela época; tinha até linhas no rosto mais expressivas que o desejado, em função de estar muito magra. Mas, por mais que ouvisse Valadão, a imagem distorcida que eu tinha do meu corpo era impermeável aos discursos dela.

Não acho que seja diferente para a maioria das mulheres. Digo isso baseada nas reflexões da antropóloga Mirian Goldenberg, que vem lidando com o assunto a partir de abordagens sobre gênero feminino, infidelidade conjugal e envelhecimento. Essa autora mostra como o corpo é um forte capital na cultura do Brasil. Para ela, trata-se de um valor produzido por uma elite – pessoas brancas, heterossexuais, com nível universitário, renda alta e habitantes de bairros mais ricos – cujos ideais são reproduzidos por outros segmentos da população, de modo que tanto as camadas populares quanto as médias passam a ver no corpo uma riqueza das mais desejáveis, um capital a ser trabalhado, conservado e empregado.

Não penso que as ouvintes de Valadão consigam passar ilesas às influências da cultura do corpo. Eu, ao menos, não passei. Vale ressaltar que o Brasil experimentou a explosão da indústria da beleza nas últimas décadas, o que o levou a se tornar campeão no consumo de produtos para unhas, pele, cabelo e emagrecimento, e o segundo do mundo no *ranking* de cirurgias plásticas (com destaque para o implante de prótese mamária) e aplicação de toxina botulínica. Isso retrata a ditadura da juventude, da beleza e da magreza, que projeta o corpo ideal como aquele que é cuidado, manipulado, enfeitado e produzido para que não tenha marcas de rugas, estrias, celulites e manchas. Daí a busca desenfreada para que se invista tempo, dinheiro e esforço na construção do corpo "perfeito".

Goldenberg enfatiza que o corpo não é somente um capital físico; é também capital econômico e simbólico, pois permite ascensão social e recurso diferenciado no mercado de trabalho e no afetivo-sexual. No próximo capítulo, voltarei a falar disso. Mas antes cabe enfatizar que em quase todos os cultos que pesquisei, podia ser ouvido algo diferente – que as mulheres, enquanto criaturas e filhas de Deus, são perfeitas aos olhos Dele.

Abaixo reproduzo a letra de uma canção que se tornou emblemática nos eventos de mulheres. Originalmente composta por Valadão para um dos CDs infantis do Diante do Trono, com vistas a falar a meninas que enfrentavam um relacionamento familiar difícil, a canção passou a ser uma útil ferramenta para afirmar o valor das mulheres. Era entoada com convicção e de cor por todas as participantes. Foi certamente uma das músicas que eu mais ouvi nos eventos promovidos por Valadão:

> Aos olhos do Pai | Você é uma obra-prima | Que Ele planejou | Com Suas próprias mãos pintou | A cor de sua pele | Os seus cabelos desenhou | Cada detalhe, num toque de amor | Você é linda demais | Perfeita aos olhos do Pai | Alguém igual a você não vi jamais | Princesa linda demais | Perfeita aos olhos do Pai | Alguém igual a você não vi jamais | Nunca deixe alguém dizer que não é querida | Antes de você nascer | Deus sonhou com você! | Você é linda demais | Perfeita aos olhos do Pai | Alguém igual a você não vi jamais | Princesa (música: Aos olhos do Pai, Diante do Trono).

Princesa linda demais, qual o seu propósito de vida?

Se alguém lhe perguntasse para que nasceu ou qual seria seu propósito de vida, Ana Paula Valadão teria uma resposta na ponta da língua. No primeiro Congresso Mulheres Diante do Trono, ela começou sua sequência de pregações com as seguintes perguntas:

Por que eu fui criada como uma mulher? [...]
Tenho abraçado o propósito criado por Deus de
ser uma auxiliadora para o homem? Estou
disposta a sacrificar minhas próprias ambições a
fim de cumprir o meu papel principal e chamado,
como ajudante para o meu marido? [...] Eu
reconheço e aceito que Deus criou a mulher para
completar, complementar e ajudar o homem? [...]
Será que eu aceito meu chamado criado por Deus
para ser uma portadora e nutridora da vida? [...]
Este é um dom de Deus dado a você mulher. Não
negue o dom que o Senhor te deu. Ele te fez
mulher e vai te capacitar para ser mãe.

Como se pode ver, trata-se de uma identidade definida pela
complementariedade e pela maternidade. Criada da costela masculina,
a mulher é compreendida como "a glória do homem". Mas a posição
acessória, argumentam também outras preletoras envolvidas nos
eventos, não é uma condição rebaixada nem subserviente. Significa
servir de suporte, de coluna, e ser capaz de prestar socorro. Cuidar. A
mulher é comparada ao Espírito Santo, que também é tido como
ajudador, auxiliador de Deus Pai. Portanto, como diziam elas, ser
secundária sim, ser menos importante não.

Boa parte do que se pregava advinha do imaginário de que a
primeira mulher a existir (Eva) teve um papel central, para não dizer
que foi de fato a responsável pelo pecado original. Foi Eva quem deu
a Adão o fruto proibido e, como consequência de querer usurpar a

autoridade dele nas tomadas de decisão, lhe sobrevieram a dor do parto e o desejo de projeção. Isso seria indicativo de uma disposição feminina para a dominação e a autonomia. Tal protagonismo, por sua vez, teria desequilibrado a ordem natural e imutável estabelecida por Deus, a saber, a da superioridade hierárquica do homem. Por isso, quando elas pregam a negação de poder ao gênero feminino, ao contrário de verem que isso reduz o valor das mulheres, pensam ser a salvaguarda delas.

O que o meu marido não tem, meu Jesus tem

Não foram poucos os eventos nos quais anotei que a fonte de gozo, amor e autorrealização feminina não poderia estar no consumo, nos estudos, na carreira ou na obtenção de marido e filhos. Somente uma relação saudável com o Pai eterno permitiria que os demais relacionamentos fossem bons. Pois Deus seria o único capaz de realmente satisfazer as necessidades das mulheres e suprir suas carências.

Uma das pregadoras dizia: "O que o meu marido não tem, meu Jesus tem." Em outra ocasião, Valadão argumentava: "Nem seus erros, fracassos ou seus piores dias podem fazer o Senhor desistir de te amar." Mais de uma vez as líderes faziam menção direta ou indireta ao seguinte versículo bíblico: "Porque o teu Criador é o teu marido; o Senhor dos Exércitos é o seu nome" (Isaías 54:5). Confesso que eu achava isso um exagero.

O ensino era taxativo – as mulheres deveriam suprir suas necessidades emocionais e seus desejos por relações românticas em

Deus em vez de transferir a expectativa para outras pessoas. Deus curaria as feridas emocionais causadas pelos desafetos. Como disse uma das líderes: "No desprezo dos homens, eu encontro a acolhida de Deus." Deus também poderia inclusive mimar suas filhas com supérfluos. Ouvi testemunhos de Deus providenciando às pastoras os tapetes da casa, o sapato de casamento, o revestimento caro da área externa da residência.

Em certa ocasião, Valadão lembrava às ouvintes que Deus gostaria que elas confessassem seus problemas e pecados a Ele, que desabafassem. Orientava então que as mulheres, em vez de ligar para as amigas para fazer uma fofoca com o aparente intuito de pedir por orações, se voltassem para Deus, que estaria lhes dizendo: "Pense em mim | Chore por mim | Liga pra mim | Não, não liga pra ele." A plateia ia à loucura com a menção deste trecho de uma famosa canção sertaneja. Empolgada, Valadão seguia com uma referência similar, novamente falando como pela voz de Deus: "Encosta a tua cabecinha no meu ombro e chora | E conta suas mágoas todinhas para mim | Quem chora no meu ombro eu digo que não vai embora, que não vai embora." E a plateia completava: "Porque gosta de mim."

Uma das canções ilustrava esse tipo de relação afetiva que, para uma pessoa não religiosa, pode ser vista como romântica e quase sensual. E essa interpretação não é minha. Duas diferentes amigas que me acompanharam aos cultos em ocasiões distintas, e que não se conhecem, fizeram essa mesma observação. A música a que me refiro, quando cantada, levava a plateia a um grande êxtase. As mulheres entoavam a letra de modo efusivo, levantavam as mãos para o alto constantemente, se contraiam, gemiam como se sentissem alguma dor física e choravam sem reservas:

> Tem ciúmes de mim | O Seu amor é como um furacão | E eu me rendo ao vento de Sua misericórdia | Então, de repente, não vejo mais minhas aflições, eu só vejo a glória | E percebo quão maravilhoso Ele é | E o tanto que Ele me quer | Ô, Ele me amou | Ô, Ele me ama | Ele me amou | Me ama | Ele me ama, ele | Me ama, Ele | Me ama | Somos Sua herança e Ele é o nosso galardão | Seu olhar de graça nos atrai à redenção | Se a graça é um oceano, estamos afogando | O céu se une à terra como um beijo apaixonado | Meu coração dispara em meu peito acelerado | Não tenho tempo pra perder com ressentimentos | Quando penso que Ele | Me ama | Ele me ama, Ele | Me ama, ele | Me ama (música: Me Ama, Diante do Trono).

Ana Paula Valadão cantava a música dizendo que muitas das fiéis gostariam que alguém lhes fizesse uma loucura por amor. Emocionada, ela as lembrava que alguém (Cristo) havia dado a vida por elas, morrido por elas, devido a tamanho amor.

***

Quando reli minhas anotações de pesquisa e reassisti aos eventos que eu havia sinalizado como experiências marcantes para mim, comecei a notar que na época em que escrevi pela primeira vez sobre o assunto eu não via a recorrência com que se pregava que Deus era o único supridor das mulheres. Isso me intrigou. Por que tal discurso aparecia tantas vezes? Saí para almoçar com meu marido e falamos longamente a respeito. Conhecemos um número muito grande de pessoas evangélicas, com perfis distintos, o que nos levou a uma hipótese que desprendi do meu próprio caso.

Ao longo da vida, tive oportunidades diferentes de construir autoconhecimento, identidade e autonomia. E meu pai teve forte influência nisso. Ele contribuiu não apenas para a minha formação moral, mas para meu acesso ao universo da cultura. Na adolescência, quase que por uma imposição do meu pai, assisti ao filme *A excêntrica família de Antônia*. Havia registros de relações violentas, extraconjugais, homoafetivas etc. que, aos olhos dele, representavam muito bem a realidade. Tenho uma lista de outros filmes pouco convencionais em meu currículo.

Na juventude, também viajei com certa frequência. Fui da Disney à Bolívia, com caravanas da igreja a grupos de muambeiros que visavam o Paraguai. Convivi com muitos homossexuais amigos do meu pai, travestis, transformistas, não binários e "somente gays". Meu pai é um grande acervo intelectual e humano. Nunca conheci alguém, com exceção do meu marido, com quem gostasse tanto de conversar.

Cresci com ele dirigindo peças de teatro e falando de ciência do comportamento humano. Tendo atuado em uma companhia terapêutica, deu-me os primeiros incentivos quando viu que eu tinha sintomas de pânico. Tive plena liberdade para procurar terapeutas de linhas variadas, como sistêmica, cognitivo-comportamental etc.

Frequentei igrejas diferentes também. Universal do Reino de Deus em poucas ocasiões, alguns anos na Igreja do Evangelho Quadrangular (da qual guardo a primeira imagem de uma mulher no sacerdócio), a maior parte do tempo na Igreja Presbiteriana, sendo o fim da minha trajetória institucional na Comunidade *Vineyard* do Caminho. Decorei tantas igrejas católicas para casamentos que me sentia bem à vontade aos pés dos santos e das velas. Minhas experiências religiosas foram atravessadas por um universo muito amplo de referências psicológicas, sociais, afetivas e culturais.

Entendi melhor as razões da separação dos meus pais apenas quando tinha 18 anos. E as ferramentas que usei para dar sentido ao desencontro deles praticamente não tinham nenhum teor espiritual. Não perdi minha fé, mas a tenho numa feita muito distinta de boa parte das pessoas que conheço.

Fato é que enquanto eu construí minha autoestima e liberdade a partir de um mosaico de referências, as mulheres que pesquisei raramente narram as mesmas oportunidades. Várias delas têm históricos de pobreza material e cultural, além de dificuldades de ingressar no ensino superior, e aquelas que tiveram melhores condições de vida, por vezes, rebaixam ou demonizam os instrumentos não religiosos que receberam. Ao que me parece, a religião se torna, a partir da conversão (ou da criação, para aquelas que cresceram em meio evangélico), a principal matriz de significados para as mulheres. Em um número grande de casos, trata-se de fonte única ou última de recursos emocionais e intelectuais à qual todas as outras estão submetidas.

É com isso que afirmo que nunca conheci um mecanismo mais poderoso para modelar, enquadrar e transformar o ser humano do que a religião. No caso dos meus estudos, a evangélica. Para muitas dessas mulheres, encontrar um marido, ter filhos e constituir uma família baseada em votos de exclusividade – coisa já meio rara em nossos dias, diga-se de passagem – não confere satisfação suficiente. Nem ter sucesso profissional, saúde e boa aparência. Considera-se que é bom ter tudo isso, mas que essas coisas não têm a capacidade de preencher o vazio da alma humana. Só Deus, só Jesus.

De modo indireto, essas mulheres reconhecem a falta de sentido da vida, que é algo também percebido por muitos outros atores sociais que não possuem religião. No entanto, por meio da fé, elas encontram a esperança de um porvir e as formas de trabalhar as angústias terrenas. A força de sua religião é espantosa, ainda que possa parecer um moinho de vento em época de tecnologias das mais avançadas. Nem precisa estar em diálogo com outras fontes do saber, como a ciência, e já consegue imprimir nos indivíduos uma mudança radical, um trabalho de si absurdamente laborioso.

Ouso dizer que é mais potente até que muitos anos de terapia. Quer um exemplo? As mulheres são ensinadas a não conservar ressentimentos, a perdoar, a não ferir outras pessoas nem odiar. Aprendem que a gratidão traz felicidade, enquanto sentimentos negativos podem ser somatizados no corpo como doenças. Acreditam que uma pessoa é capaz de sair de uma cadeira de rodas só porque perdoou.

As mulheres que frequentam os eventos liderados por Valadão, ainda que não sejam todas, encontram na religião uma forma de se autoconstruir, de escrutinar suas vontades e trabalhar sua inteligência emocional. Durante os cultos e congressos, percebi que o público é de mulheres de camadas baixas e médias, muitas possivelmente oprimidas por desigualdades de gênero e sem ideia dos constrangimentos sociais dos quais são fruto, tais como origem socioeconômica, raça/etnia e educação. Aposto, por exemplo, que várias delas anseiam pelo "bom partido", sem ter a noção do quanto a busca pela família tradicional é um imperativo alinhado ao sistema capitalista, responsável por muitas das frustrações das quais elas mesmas desejam se livrar.

Percebo que Valadão e as demais líderes não têm a intenção de romper ou contribuir para a diminuição das assimetrias de gênero. Ao contrário, elas acabam por reforçar certas opressões sociais. No entanto, provocam uma espécie de valorização do feminino, ainda que de um tipo bem específico deste. Não geram a autonomia das mulheres; isto é muito claro. Mas fazem-nas sentir especiais, importantes, protegidas por um Deus todo-poderoso. Estimulam o cuidado pessoal e as põem como centrais para a reputação dos homens e a criação dos filhos. Voltarei a isso mais adiante. Obviamente, esse posicionamento tem altos custos e consequências que podem ser das mais desastrosas. Mas explicarei isso aos poucos.

***

Ezenete

Pode ser que minha memória me engane, mas não me recordo de nenhum sermão que não tenha sido seguido de oração. E para estas, um nome – pastora Ezenete Rodrigues. Mentora de Valadão quando a cantora passou por questionamentos em sua fé, Rodrigues fez as orações mais eloquentes que já ouvi comparando-a a todas as outras líderes que estiveram na Lagoinha. Conhecida como intercessora, ela é parda, mais velha que Valadão, e tem uma fala simples. Razoavelmente popular no meio evangélico, já publicou sua biografia e trabalha em algumas frentes da igreja. Uma delas, a Estância Paraíso, pela qual já passaram mais de quatro mil pessoas, é um sítio onde é desenvolvida uma série de trabalhos eclesiásticos em formato de retiros espirituais, como de libertação.

Durante as orações de Ezenete, algumas mulheres se envergavam como que acometidas por incômodo físico. Outras choravam compulsivamente. Lágrimas grossas. Algumas bradavam. Havia ainda as que se assustavam e saíam. Acho que poucas não acreditavam nos milagres que podiam vir daquele clamor. Sua fala era chamada de quebrantadora. Ela dizia assim:

> O Pai celestial está aqui nesta noite. E Ele te toca. Ele te toca. Ele te toca. Ele te tocaaaa. Pode chamar por Ele. Porque Ele vai ouvir. Ele vai ouvir o teu grito. [...] As mãos poderosas do Senhor te toca. As mãos poderosas do Senhor te toca (sic). Muitas mulheres aqui se sentem

abandonadas, distantes, vazias, como se fossem apenas objetos de uso. Mas nesta noite, o Espírito do Senhor, que paira sobre este lugar, te diz: "Você mulher, você é amada, você é amada, você é amada." Ah, muitas mulheres aqui já fizeram essa oração dizendo: "Pai, se o Senhor me ama, por que o Senhor não me leva? Por que o Senhor não me tira deste sofrimento?" E muitas vezes você pensa: "Nem para me levar, Ele não me ama." Mas Ele te ama tanto que te trouxe aqui nesta noite para te dizer: "Vem, filha, fala o que tu queres, fala o que tu queres, fala o que tu queres. E Eu farei por ti, Eu farei por ti, Eu farei por ti. Eu te amo." Essa palavra vem do trono do Senhor para o seu coração.

A mulher de Deus é forjada em atos proféticos

Antes de encerrar este capítulo, gostaria de fazer uma menção aos atos proféticos. Trata-se de representações/encenações de batalhas espirituais, de coisas que se almeja alcançar. São, segundo Valadão, "profecias cantadas, faladas, encenadas ou demostradas por meio de ações. Como um teatro, como uma figura, para que fique bem claro para todo mundo o que aquela profecia está declarando". É, ela diz, "uma forma de reativar tudo o que já foi liberado pelo Senhor".

Presenciei alguns atos que pareciam muito importantes para as minhas pesquisadas. O mais comum deles, visto inclusive mais de uma vez, foi de uma mulher se adornando como uma noiva para representar a igreja de Cristo. Aludia-se à preparação da igreja, e mais especificamente das mulheres, para o encontro com o noivo, como Jesus é chamado em textos bíblicos.

Outro ato profético que se destacou fazia uso de uma estaca e um martelo. Valadão dizia: "Nós mulheres vamos derrotar o inimigo usando a estaca da nossa tenda, ou seja, vamos derrotar o inimigo com aquilo que firma e sustenta nossos lares de pé. Essa estaca representa os princípios inabaláveis de Deus para a família." Em seguida, ela martelava a estaca com força, enterrando-a em uma grande estrutura, como um vaso, com terra. As mulheres aplaudiam com vigor. O martelo simbolizava a repetição. Valadão dizia: "Pega o teu martelo aí, irmã. Pega a sua estaca e bate, bate, bate, bate. É assim que temos que fazer com os princípios que vão sustentar a nossa casa. Inculquem a Palavra, os conceitos de Deus, martelem até que fiquem bem firmes."

Certos atos proféticos envolviam ou eram danças. Havia ainda os que tomavam apenas a forma de orações e intercessões, com as pessoas de joelhos.

O que para mim foi o mais impactante em termos de pesquisa ocorreu no congresso de mulheres de 2013, no qual Valadão usou traje militar, marchou juntamente com o público presente, falou em "línguas estranhas" e encenou uma espécie de batalha em que a Bíblia seria a arma (nas palavras dela, "um poderoso fuzil") contra as fortalezas espirituais. Neste e em vários dos atos proféticos, a bandeira do Brasil foi utilizada para que se fizesse um clamor pela nação. Mas a representação também tinha o intuito de combater o orgulho/a altivez, as doenças emocionais (estresse, depressão) e os inimigos (demônios) que lutam contra a família, as finanças, as doenças físicas e a apatia espiritual. O ato foi alvo de chacota em diversas redes sociais. Procurei algum registro em vídeo para assistir novamente e recuperar detalhes que me falham à memória, mas não encontrei.

Para uma pessoa mais crítica, os atos proféticos são caricaturas, encenações pobres, chinfrins. Mas são muito preciosos para as religiosas que neles acreditam. Sendo assim, deixei uma descrição mais minuciosa deles de fora do livro. Mas nada será comprometido, pois o que descrevo a seguir não tem qualquer disfarce e pode ser mais aflitivo do que aquilo que achei por bem suprimir.

3. Aparência e etiqueta – o que pode e o que não pode ser feito?

Uma pastora que autoriza, durante um congresso de mulheres, a instalação no espaço do berçário da igreja de uma clínica de estética destinada a oferecer *peeling* facial às participantes tem uma relação com a beleza e a vaidade que chama a atenção. O dinheiro arrecadado com este serviço seria destinado à Associação de Mulheres em Gravidez Indesejada (AMGI), um dos ministérios da Lagoinha, que visa impedir o aborto e dar suporte às futuras mães.

Para as mulheres que pesquisei, o zelo para com o corpo é visto como algo bom, pois a imagem transmite uma mensagem aos outros. No entanto, praticamente todas as vezes em que eram proferidas instruções sobre o cuidado de si, era frisada a ideia, como já dito antes, de que o que de fato importa é a aparência espiritual. Mesmo assim, as orientações estéticas não eram dispensadas, pois considerava-se que a espiritualidade que levasse a mulher ao desleixo seria um extremismo, um erro. O equilíbrio perfeito estaria na ideia da moderação.

Do vale de ossos secos a um exército bem vestido

Era um culto de quarta-feira. No meio de centenas de mulheres em prantos e oração, completamente tocadas, os instrumentos entoavam:

"Sobre o vale de ossos secos | Faz um exército se levantar | Sobre as feridas não tratadas | Vem restaurar e curar" (música: Sopra, Espírito, Ludmila Ferber). Mulheres encontravam ali um lugar de tratamento para suas feridas. Mas o serviço era completo. Um assunto interrompia o momento das canções: orientações sobre o corpo oval. E Valadão dizia: "Já estão identificando aí as irmãs ovalzinhas? A irmã do tipo oval também pode ser linda!" A música *Princesa* era entoada à capela pela pastora, que convidava as irmãs a dizerem uma parte dela umas às outras. A dica seguinte? Como usar *looks* monocromáticos para criar verticalização.

Ofertas e dízimos eram pedidos. Na sequência, uma oração. Salvas passavam e Ludmila Ferber, famosa pastora e cantora, voltava ao altar proferindo as seguintes palavras:

> Enquanto você adora a Deus ofertando e dizimando, você pode olhar para essa mulher linda que está do seu lado, linda como você, e dizer assim para ela: "Aguenta firme, não desista, continue a lutar." As crises e as dores acontecem. Mas chega uma hora onde elas têm fim. Diga para ela: "Eu tô contando contigo. Deus tá contando com a gente. O Céu inteiro se move para ver a gente vencer."

Piano, guitarras e bateria recomeçavam. Ferber sentava em uma banqueta. Os refrões de suas canções comoviam a plateia. Bailarinas dançavam. Naquele contexto, não eram bailarinas quaisquer, mas cujos movimentos teriam um significado espiritual. Ainda que ensaiadas, pareciam mais livres em sua expressão, como em uma dança contemporânea. Mulheres se abraçavam; outras estavam como que de mãos dadas. Muitas choravam. Olhos apertados gritando as palavras da música. Emoções à flor da pele.

Confesso que a primeira vez que assisti mulheres desfilando na parte da frente da igreja, se desviando de instrumentistas e cantores depois de um momento como esse, achei esquisito. Tive o que se chama de vergonha alheia. Aquele sentimento que emerge quando o comportamento do outro causa constrangimento. O corpo é o templo do Espírito Santo, elas diziam. E eu pensava: "E que templos rebuscados..." O formato dos templos? Diversos. Pera, ampulheta, triângulo, triângulo invertido, quadrado, oval. Em cada culto, um tipo era ensinado e dicas de como vesti-lo eram dadas. Soaria caricato, se não fosse realmente técnico.

Anos depois daquele primeiro desfile, paguei por uma consultoria de imagem/estilo, que é um serviço que analisa o subtom de pele, o formato do corpo, pontos que podem ser disfarçados e destacados, além de dar aquele tapa no visual. Passei a olhar para o registro daquelas experiências na Lagoinha com mais simpatia, confesso. E a questionar, por outro lado, como as mulheres dos dias de hoje, grupo no qual me incluo, se submetem a procedimentos dos simples aos mais complexos para construir uma estética feminina primorosa. As evangélicas não fogem à regra.

Em um dos bate-papos, momento que costumava vir logo após o pedido dos dízimos, uma das participantes enfatizava que as mulheres precisavam valorizar o que têm de bom. Para todas as palestrantes, existia um modo correto de se vestir, mesmo se a fiel ainda não possuísse "roupa de crente".

Quando ouvi isso, imaginei que estavam aludindo a trajes recatados. Pois, por mais de uma vez, Valadão ensinou um teste para identificar se determinada roupa estaria adequada. Solicitava que as mulheres se levantassem dos bancos e estendessem as mãos para o alto o máximo que pudessem. Caso a região da genitália estivesse muito realçada e/ou a blusa deixasse expor qualquer parte da barriga, significava que o modelo escolhido estava errado. As mulheres também eram chamadas a se virar e observar a região das nádegas. Caso as calças estivessem muito apertadas, ou os vestidos ou as saias fossem muito curtos, era sinal de que a roupa estava inapropriada.

Depois ela pedia para que as mulheres se assentassem. Se a saia ou o vestido subisse acima do joelho, estava curto demais. As moças também deveriam abaixar-se como se fossem abraçar os joelhos. Se qualquer nuance do volume dos seios aparecesse, novamente era indício de que o traje não representava o modo como uma evangélica deveria se vestir. Esse teste era uma das ocasiões nas quais as fiéis não pareciam aceitar com facilidade os ensinamentos recebidos.

Ainda assim, era notório que muitas se apresentavam nos cultos com o cumprimento e a cor de cabelo de Valadão, além de roupas, maquiagens e penteados similares. Isso sem contar a imitação do tom de voz. Eu pensava que enquanto Valadão tem uma aparência que evidencia seus recorrentes investimentos no corpo, como em cuidados estéticos e roupas e acessórios caros, é bem possível que as fiéis empreguem um recurso financeiro considerável e tempo para se assemelharem a ela.

Em um dos cultos, o desfile de moda fora substituído por um vídeo, parecido com aqueles que eventualmente se assiste em um jornal da manhã como parte do conteúdo de variedades. No formato de uma reportagem, ele trazia informações sobre determinadas tendências de moda, tais como: militarismo, vestidos longos, detalhes em couro, estampas florais, "conjuntinhos", altura das calças, uso de echarpes, moda *plus size* etc. As fiéis demonstravam adorar, e com isso eu tinha outro indicador da apreciação que elas mantinham pelo assunto.

Em 2012, Valadão criou uma marca de roupas, chamada *DTWear*. A proposta era oferecer trajes bonitos, que não fossem sensuais e que evangelizassem. O catálogo tinha peças para homens, mulheres e crianças. Muitas roupas possuíam estampas de trechos bíblicos e imagens religiosas. Eram batas, vestidos mídi, camisas, blazers, calças e semijóias. Segundo a descrição da pastora, tudo tinha sido desenhado com o intuito de oferecer opções alinhadas aos padrões atuais, mas que levasse em conta a discrição que as mulheres cristãs deveriam ter.

Em um dos congressos, tentei fotografar os trajes, mas os estandes estavam vazios e muitas mulheres esperavam por reposição. Como algumas vinham de outros estados, havia as que almejavam por quantidades grandes, que pudessem ser comercializadas em suas igrejas locais. Na loja virtual do Diante do Trono é possível ver algumas peças, mas tenho a impressão de que as coleções são renovas e lançadas sobretudo para os congressos, que ocorrem uma vez por ano.

A seguir, Ana Paula Valadão usando uma das roupas da marca:[23]

Em função de terem sido produzidas algumas peças com a mesma estampa e elas eventualmente serem fotografadas juntas ou aparecerem assim no corpo de Valadão, internautas teceram ácidas críticas, dizendo que a pastora parecia estar de pijamas. Foi ela mesma quem relatou isso, mas o fez sem se sentir ofendida. E disse em tom de brincadeira que sua mãe, indignada com as desaprovações, havia respondido a uma seguidora: "Vai dormir linda igual minha filha, então." A plateia caiu na gargalhada.

Garanto que você terá muitos benefícios com o jejum, inclusive o de emagrecer

Na Estância Paraíso, sítio da Lagoinha, há um programa que ilustra preocupação com a condição física. Chamado de *Metanoia: mudança de mente para vivermos uma vida com saúde integral*, é voltado à reeducação alimentar. Em 2014, um médico ortomolecular que atende no programa foi a um dos cultos para instruir as fiéis quanto a uma boa dieta. Disse que o ideal seria optar pelo mínimo possível de conservantes e gorduras, e ingerir legumes, verduras e frutas orgânicas. Farináceos e massas também deveriam ser evitados, por serem metabolizados como açúcares, considerados "alimentos para o câncer". Como benefícios, a pele ficaria melhor, o sono teria mais qualidade e o cansaço, assim como as doenças respiratórias e gastrointestinais, diminuiriam.

Certa vez, em uma das pregações, a preocupação com o físico apareceu a partir da menção ao peso. Falando sobre a necessidade de dominar as paixões e os desejos, Valadão argumentou que a vida espiritual é como a rotina de um atleta; não se pode só pensar em comer, dormir e ficar de férias. Um dos esforços seria se alimentar da Palavra de Deus e fazer jejum. Nesse sentido, ela acabou por dissociar a espiritualidade de um corpo obeso ao dizer:

> Cadê o jejum? Cadê? Te garanto que você vai ter muitos benefícios com o jejum. Até os menos importantes como emagrecer. Às vezes, a pessoa tem uma enfermidade, né? Às vezes Jesus pode te curar e te dar condições de fazer um tratamento.

Mas, às vezes, a gente encontra umas irmãs assim meio cheinhas e a gente fala assim: "Vamo fazer um jejum, vamo?" Vai fazer bem em todos os aspectos. Eu não consigo entender, quando não é enfermidade, aquele pastor gordo, barrigudo. Gente, não combina com uma liderança.

Por causa de tal fala, ela recebeu uma enxurrada de críticas que a levaram alguns dias depois à seguinte ponderação:

> Quero pedir desculpas. Eu me expressei mal. Obesidade não é um impedimento para o exercício da liderança e da espiritualidade. De qualquer forma, continuo acreditando que a prática do jejum, da oração, da leitura da Bíblia e das disciplinas espirituais são fundamentais, não apenas para os líderes, mas para todos os cristãos.

Daí em diante, Valadão passou a ser mais cuidadosa ao expor sua opinião sobre o corpo feminino e os cuidados que as crentes deveriam a ele dispensar. Em um dos cultos, por exemplo, ela criticou a boneca Barbie, por ser a representação do estereótipo da mulher magra, de cabelos tratados, seios empinados, bumbum levantado, coxas torneadas e pernas longas. Argumentou que várias mulheres que dedicam todo o seu tempo livre a perseguir esse modelo, ficando horas nas academias de ginástica e recorrendo a tratamentos estéticos dos mais diversos, acabam criando uma obsessão capaz de trazer rejeição e autodestruição emocional.

Em outra ocasião, falou que o padrão de beleza atual está muito rigoroso. E citou a Suécia, que nos últimos 20 anos, para os concursos de misses, teria aumentado as exigências de altura e diminuído o peso desejado em quase 20 quilos. Isso só acentuaria a discrepância entre o ideal e o real, dizia a pastora.

Valadão defendeu que as mulheres tomassem para si as referências de beleza divinas, que seriam centradas no desempenho da espiritualidade. Também alertou que não fossem por demais rigorosas consigo mesmas. Ao contrário, deveriam combater as imagens negativas que recebiam e internalizavam ao longo da vida, ou que iam elas mesmas construindo em função de alguma doença, pela relação com o envelhecimento ou por eventual deficiência.

Valadão contou às fiéis que já se autodepreciara. Disse que, durante anos, mordeu internamente suas bochechas e roeu as unhas para se maltratar, aceitando e reproduzindo as críticas que sofria. Apenas quando passou pelo processo de cura espiritual foi que rompeu com tais comportamentos e entendeu que umas das exteriorizações dessa cura era passar a se cuidar, aprender a se maquiar e arrumar o próprio cabelo.

Os cuidados de Valadão: é muito feio mulher de bigode

Certa vez, pregando sobre a personagem bíblica Ester, Valadão recomendou às fiéis que elas cuidassem de si mesmas e que curtissem fazê-lo. Passassem maquiagem, hidratassem o cabelo, se produzissem, não vestissem as piores roupas para ficar em casa. Andassem sempre lindas. Se acaso o marido não desse motivo, isso não importava, pois Jesus justificava o esforço.

Em um dos congressos de mulheres, ela chegou ao palco de cara lavada. Havia uma penteadeira montada no local, como se vê em vídeos de influenciadoras de beleza. O intuito era incentivar a automaquiagem, prática que, segundo Ana Paula, não era muito comum na época de sua mãe e avó. Vestida com uma calça prata e furta-cor e uma blusa cor-de-rosa, e segurando uma maleta de maquiagem na mão, ela começou a orar pedindo a condução de Deus para aquele momento de descontração. E seguiu com um auxiliar ajustando seu microfone na penteadeira, enquanto ela dizia:

> Vamos imaginar que você está lá na minha casa, ok? Eu vou falar com vocês algo que talvez ninguém disse antes. Mas é muito importante você ter uma sobrancelha bem aparada. Você pode também pinçar uns pelinhos. Eu sempre tenho que vigiar uns que nascem aqui no queixo e aqui perto da orelha.

Na sequência, ela recomendava a depilação ou o uso de uma maquininha, que no momento portava em mãos, para retirar os pelos do buço. Exemplificou ao vivo sua técnica, dizendo: "Porque é muito feio mulher de bigode, né?" Preparava os olhos com *primer*, delineador cremoso na pálpebra e na linha d'água, sombra marrom, cílios postiços, sombra iluminadora abaixo das sobrancelhas e no canto dos olhos. Ao conseguir colar os cílios, as mulheres aplaudiam com entusiasmo. E ela orientava que esta fosse a última etapa da maquiagem, pois cílios que apresentassem resíduo da sombra aplicada seria muito feio de se ver.

Falava ainda sobre as funções da base e do corretivo, a forma certa de passar o *blush*, os retoques periódicos que precisam ser feitos com o batom e o uso de finalizador/fixador. A música ao fundo acompanhava enquanto ela dava explicações detalhadas de cada passo, falava das opções de produtos e de suas dificuldades por ter uma pele oleosa e estar sempre às lágrimas. Terminava a explicação dizendo: "Só 20 minutos, 30, 40 minutinhos, no máximo, vão transformar você. Invista em você."

Não converse em filas, não corte a alface, passe o cartão para o marido por debaixo da mesa e seja agradecida

Mais um culto e uma mulher é chamada à frente para conversar com Valadão, que pergunta:

— Muitas pessoas podem pensar assim: "Mas etiqueta é frescura. Isso é coisa de filhinha de papai rico." Você acha que é isso?

— Na verdade, não é frescura. A etiqueta existe para facilitar o nosso dia a dia, para facilitar o nosso convívio com a sociedade. A etiqueta veio da nobreza, dos intelectuais. A etiqueta vem da nossa boa educação. Na verdade, a etiqueta significa e expressa a nossa boa educação.

— E isso independe de condição financeira, de morar num palácio ou num casebre. A gente pode morar num lugar muito simples, e ali ter pessoas muito bem-educadas, com atitudes finíssimas, não é?

— É verdade. E não tem como falar de etiqueta sem falar de Jesus.

A pedido da especialista, Valadão lê o seguinte trecho bíblico:

> Portanto, quer comais quer bebais, quer façais qualquer outra coisa, fazei tudo para a glória de Deus. Portai-vos de modo que não dês escândalo. Nem aos judeus, nem aos gregos, nem à igreja de Deus. Como também eu em tudo agrado a todos, não buscando o meu próprio proveito, mas o de muitos, para que assim se possam salvar (1 Coríntios 10:31-33).

— Quando a gente pega e lê isso aqui, a gente vê a etiqueta na pura essência do que ela é na realidade. Eu vou fazer para ajudar o outro, para que o outro se sinta melhor. Isso é etiqueta.

— É para que o outro chegue a Cristo com coisas tão simples como uma boa educação.

— Isso, uma boa educação é como eu tenho me comportado com esse outro que não conhece Deus.

— É verdade, porque realmente as pessoas estão nos observando nas pequenas atitudes. E muitas vezes dizem: "Ué, fulana é crente? Nossa, mas ela é tão sem educação." Quer dizer, a nossa etiqueta pode também testemunhar Cristo para os outros.

Muitas recomendações foram dadas nesta e em outras ocasiões a partir da justificativa de que cortesia e educação precisam ser vestidas no caráter.

As dicas desciam aos detalhes. Uma regra de etiqueta ensinada era como se comportar em espaços de culto (o que também se aplicaria a ambientes com elevado número de pessoas). Defendia-se que uma vez assentada a pessoa não deveria sair das cadeiras ou dos bancos. A prioridade na circulação próxima às portas seria de quem está deixando o local. Também se falava que não se deve usar elevadores para subir poucos andares e que as pessoas que pretendem ir a andares mais altos devem se posicionar ao fundo. Outro ponto importante é agradecer o(a) ascensorista ao deixar o elevador.

Quanto às filas, ensinava-se que não se deve murmurar, nem mesmo conversar com as pessoas que também estão aguardando. A recomendação era portar um livro ou um dispositivo com músicas. O celular nunca deveria ser atendido em locais fechados. Falava-se também que mulheres educadas não rasgam as revistas disponíveis nas salas de espera de consultórios médicos, nem deixam sujos os banheiros públicos que utilizam. Orientava-se que os homens deveriam estender as mãos para quando a mulher descesse do ônibus ou abrir a porta do carro. Em contrapartida, as mulheres deveriam se proteger em seus maridos ao usar escadas rolantes, se posicionando na frente deles.

Ensinava-se ainda que em restaurantes as mulheres sempre deveriam deixar que os homens as conduzissem, escolhessem a mesa, solicitassem o cardápio, fizessem o pedido e chamassem o garçom. A mulher nunca deveria se levantar para cumprimentar pessoas que chegassem ao local depois de já estar assentada, salvo fossem idosos. A postura esperada da mulher seria a de saldar a todos com um sorriso e com o cumprimento de mãos, sem, contudo, balançá-las. Abraços só poderiam ser dados em conhecidos, e mesmo assim, de forma moderada e sem tapas nas costas.

Na hora de se alimentar, a mulher nunca deveria usar o mesmo prato se quisesse repetir. Não poderia portar os cotovelos sobre a mesa, nem retocar a maquiagem ou atender o celular no espaço destinado à alimentação. Entre os ensinamentos, estava também o da posição correta da faca, e a nunca cortar alface, massas, asas de frango e azeitonas.

Era dito que a conta deveria ir direto para as mãos do homem, a quem a etiqueta atribui o pagamento. Se a mulher ganhasse mais, ele deveria conhecer a senha do cartão dela, e digitá-la sem dar a impressão de que não é ele quem de fato está pagando. A mulher poderia, gentil e discretamente, passar seu cartão de crédito para o marido por debaixo da mesa. Se não se tratasse de marido e esposa, que supostamente teriam um mesmo orçamento familiar, a mulher jamais deveria fazer o pagamento. Também não deveria usar a carteira no bolso por ser considerado extremamente deselegante.

A síntese desses ensinamentos era não deixar a mulher tomar a frente. A consultora dizia: "Permita que o homem seja cordial; treine o seu marido a ser gentil com você."

Na plateia, as mulheres olhavam umas para as outras rindo baixinho e achando aquilo complemente fora da realidade delas. Mas, logo depois, vinha o pedido de ofertas. Elas entravam em transe com a música "Deus Fiel". A pastora Ezenete Rodrigues fazia uma de suas fortes orações. Inúmeras mulheres choravam; quase todas estavam comovidas pedindo por cura e libertação. Fico pensando se as instruções tidas como inatingíveis eram esquecidas ou permaneciam na mente das mulheres como motivos do clamor.

O destino do corpo

Em abril de 2013, presenciei em um dos bate-papos do culto de mulheres a chamada à frente de uma conhecida missionária, filha de uma das tias de Valadão, e que estava tratando um câncer descoberto quando ela tinha 34 anos. Ela decidira fazer o tratamento quimioterápico; retirou e refez a mama. Psicóloga, logo em seguida, largou o consultório para se dedicar a implantação de uma igreja na África do Sul. Ficou três anos por lá. Sete anos após o primeiro tumor, aparecera um novo câncer no fígado e nos ossos. Ela passava por novo tratamento, mas a recidiva da doença era bem agressiva. Contava que já havia experimentado as diversas modalidades de cura que poderiam provir de Deus. Aos sete anos, teve leucemia e fora curava instantaneamente. Nessas duas outras manifestações da doença, estava experimentando a cura por meio dos tratamentos médicos e farmacológicos disponíveis.

Também estava lá sua oncologista, uma ginecologista e uma sexóloga. Em tal encontro, foi explicada a diferença entre detecção e prevenção de cânceres, como o de colo do útero, e foi ensinado que as mulheres entre 25 e 59 anos deveriam fazer exames preventivos anuais. Alertou-se ainda sobre a importância de não fumar, não se submeter a estresse ou desgaste emocional, não beber e ser persistente na prática de exercícios físicos.

Tanto nesse exemplo quanto em outros, a doença não foi vista necessariamente como um sinal da presença do diabo. Aquelas mulheres tinham o entendimento de que há processos que acometem o corpo que são apenas fisiológicos. Mas afirmavam categoricamente que é Deus quem determina o número de dias que uma pessoa terá na Terra, de modo que as crentes podem se assegurar de que qualquer que seja a doença que sofrerão, só morrerão no dia em que cumprirem toda a vontade divina a elas determinada.

Antes de se encerrar o bate-papo, chamaram a prima de Valadão para uma intensa oração. As mulheres a rodearam e impuseram as mãos sobre ela. Ela dizia não sentir muitas dores, apenas fraqueza e falhas de memória. Mas, pelo estágio da doença, apresentava menos comprometimentos do que o esperado. A oração era comovente. Todos gritavam e pediam a Deus para derramar o bálsamo sarador. Em unidade, decretavam a cura e que ela seria uma testemunha dos grandes feitos divinos. Ouvia-se em alto e bom som: "O selo da cura". A frase era repetida e repetida. Orações em línguas estranhas se juntavam aos aplausos da plateia. Quase não era possível vê-la entre as mulheres ao seu redor.

Não citarei seu nome, mas ela morreu um tempo depois. Eu ainda fazia o trabalho de campo. Fiquei muito abalada. Aquele culto se tornara inesquecível para mim, assim como a imagem de seu rosto, já inchado e com um sorriso bastante distinto do que ela sustentava antes dos principais acometimentos. Nunca esqueci a última foto que vi dela no *Instagram* quando do anúncio de seu falecimento, tampouco me esvaem aquelas orações que, a meu ver, não surtiram o efeito último.

4. A submissão – o ponto mais nevrálgico

Em um bate-papo, reunindo as preletoras Márcia Resende, Iara Diniz, Helena Tannure, Ângela Valadão e Ana Paula Valadão e denominado "Mulheres virtuosas ou teimosas", discutia-se sobre a submissão. Ana Paula afirmava que a submissão era algo intrínseco ao ser mulher, e era seguida de outras vozes, que diziam:

– O que é submissão, gente?

– Vamos cortar a palavra? Sub/missão. Sub significa abaixo de, e missão é o propósito, algo a ser realizado. Submissão significa, portanto, estar debaixo da missão do marido.

– A missão do homem é amar a esposa. A missão da mulher é ajudar o homem a amá-la. A gente não tem uma missão própria.

– Olha só, gente, mas não é fácil amar a mulher rixosa, né? Porque esse espírito de argumentação começou com a serpente. A mulher briguenta é como uma goteira que não seca. A Bíblia fala que é melhor viver em um deserto do que com ela.

– Gente, a mulher chata, argumentativa e que reclama constantemente vai fazer com que o homem queira se refugiar no trabalho. Por outro lado, se ela optar pela submissão e oração, permitindo que seu marido ocupe a posição de autoridade devida, ele será um homem exitoso. Porque mesmo calada, a mulher tem o poder de minar ou reforçar a autoestima do homem, que, mediante as atitudes dela, ou terá mais iniciativas ou ficará completamente apático e derrotado.

— E quanto maiores forem os alvos dele, mais fácil é entrar debaixo, não é? Se você casa com aquele marido muito medíocre, você terá que se rebaixar demais. Se a missão do seu marido é só ganhar dinheiro, só obter coisas desta Terra, vai ficar muito difícil para você. Pense bem: Onde vai ser o ninho de um passarinho e um sapo? Agora, quanto mais você levanta seu esposo, quanto mais você o encoraja, quanto mais alto ele estiver, mais fácil será se encaixar debaixo desse homem.

— Nesse sentido, gente, é preciso que uma mãe saiba respeitar seu marido e ensine isso aos seus filhos.

— A submissão é o reconhecimento da autoridade.

— E como ser submissa a um pai se ele é carrasco? E se seu pai te mandar fazer algo que é contra a vontade de Deus?

— Pode ter certeza de que Deus vai inclinar o coração dele. Porque Deus usa aquele pai para preparar você.

— Gente, enquanto mães, nós estamos treinando as futuras mulheres. Se uma mãe esvazia a autoridade do seu marido, as filhas não admirarão aquele pai e consequentemente elas não se submeterão aos seus futuros maridos.

— Meninas, e quando o homem é omisso e comodista?

— Gente, as mulheres que são líderes, ativas e cheias de compromissos, quando entram em casa, precisam mudar de papel.

– Vemos que as mães hoje em dia estão criando suas filhas para carreiras, não para serem esposas. A menina casa e não sabe cozinhar, passar, não sabe fazer nada. Porque ela está sendo criada para competir. Aí ela compra um carro, um apartamento, ganha um dinheirão e aí, quando resolve que quer ser mãe, já não encontra os rapazes solteiros disponíveis. E isso é fruto de uma educação mal direcionada.

– Pois é. A submissão tem a ver com criar filhos esperando pela chegada do pai, assim, inclusive os meninos também vão aprendendo o papel deles na família.

– E para terminar, gente, a mulher submissa deve fazer tudo com o marido na cama?

– Não, gente. A mulher deve ser submissa ao homem como ela é ao Senhor. Vejam Colossenses 3:18, Tito 2:5, 1 Pedro 3:1. Jesus exigiria isso? Não, né? Então é preciso conversar, orar, jejuar e buscar uma terapia. Porque a família é como um sistema. Se a mulher muda, ela consegue mover todo o sistema.

– Mas é preciso lembrar que as mulheres devem estar sujeitas em tudo a seus maridos. Pode haver diálogo, sim. Mas no nosso coração, a gente já decidiu obedecer porque a palavra final é do marido. Se de tudo você não quiser mesmo obedecer, cale-se e vá dobrar o joelho. Porque quantas vezes eu já vi Deus mudar o coração do meu marido por causa da minha oração.

Submeta-se, inclusive prestando contas de todos os gastos

Para as líderes pesquisadas, a submissão é um princípio eterno. É o ato de reconhecer a autoridade do outro. Mas, ainda que por vezes se fale que esse é um comportamento esperado de todos os cristãos, que segundo a Bíblia devem se submeter uns aos outros, o que de fato é pregado é a submissão da mulher. A ideia é que ela deve respeitar, obedecer e cuidar da figura masculina, visto que esta é posta por Deus irrevogavelmente como autoridade.

Acredita-se que antes do pecado de Eva e Adão, a submissão da mulher era indolor e o homem não a oprimia. Havia paz e harmonia na hierarquia divinamente estabelecida. Com o pecado, expresso pela vontade de Eva de se sobrepor a Adão, a consequência foi homens abusando da autoridade que lhes cabe e mulheres se rebelando contra eles. Aos convertidos, o sacrifício de Cristo estaria a trazer de volta a submissão prescrita, mas de uma forma natural e comedida. Haveria, assim, a ordem, a paz, a proteção e a segurança dela decorrentes.

Como a decisão das mulheres deve ser sempre acatar as determinações do marido, o casamento pode ser a grande alavanca dos sonhos femininos ou a sua ruína. É papel da esposa santificar, orar e perdoar o marido por suas falhas. Nunca deve cobrar nada. A submissão é vista como uma "posição de poder", pois, como vem de Deus, caso a mulher passe por aflições decorrentes da postura de obediência, é certo que haverá uma intervenção divina e um livramento.

A tarefa destinada ao esposo, como visto no diálogo acima, é amar a mulher. No caso, como Cristo amou a igreja, o que as próprias líderes reconhecem como um padrão afetivo que os homens não conseguem alcançar. Mesmo assim, pregam que quanto mais a mulher aceitar o homem como ele é e se sujeitar, mais chances terá de ser agradada. O homem deve facilitar a submissão, mas esta continua sendo uma obrigação feminina. E isso é válido para casamentos em que a esposa professa a fé e o marido não. Nestes casos, a presença do cristianismo na vida dela santificaria a relação.

Mas o que exatamente elas querem dizer sobre a impossibilidade de haver um ninho para abrigar ao mesmo tempo um passarinho e um sapo? Elas ensinam que a única forma de evitar um casamento difícil é, enquanto solteira, a mulher buscar um parceiro com renda, escolaridade e hábitos culturais similares. Elas alertam sobre os desafios, nem sempre transponíveis, de uma relação entre indivíduos cujas posições sociais ocupadas sejam muito distintas e incentivam que haja bastante conversa entre os pretendentes para que se conheça bem os pontos de vista, projetos e valores um do outro.

Às solteiras, também era ensinado que aproveitassem o maior tempo livre que têm comparado às casadas. Era dado forte incentivo para que elas fizessem cursos, investissem nos ministérios da igreja, aprendessem novas habilidades, enfim, para que tivessem uma vida própria antes do casamento. Isso também incluiria conhecer pessoas novas, fazer passeios diversos, viajar e até adquirir um carro e/ou um apartamento.

Se começassem um namoro, deveriam aproveitar para conversar a respeito de todas as áreas que depois do casamento pudessem trazer conflitos. Uma das pastoras frequentemente vista nos bate-papos dos eventos e responsável por mentorear casais jovens da Lagoinha narrava que como ficou dois anos conversando com o namorado e conhecendo-o, não enfrentou nenhuma dificuldade em seu casamento. A plateia olhava admirada enquanto eu pensava: *Que sorte, ou que ilusão a dessa moça...*

No casamento, a submissão deveria ser estendida inclusive à vida financeira. Pregava-se que a mulher prestasse contas ao seu marido quanto a todos os gastos, ainda que ganhasse mais do que ele. O que Valadão recomendava abertamente é que o casal tivesse uma conta conjunta, de modo que toda a receita familiar fosse organizada em um único caixa e pudesse ser administrada pelo homem. Ela sugeria que fosse criada uma cota livre para a mulher, isto é, que os dois estabelecessem quanto por mês a mulher poderia gastar sem ter que dar satisfações detalhadas ao marido. Isso permitiria que elas comprassem bolsas, sapatos, maquiagens e outros itens pessoais de maneira mais livre.

Valadão dizia que casais que já estabeleceram uma relação de confiança no que tange à administração das finanças experimentam homens dando cartões de crédito ilimitados a suas mulheres, sabendo que elas irão fazer gastos de maneira comedida.

Durante alguns cultos e congressos na Lagoinha, observei que o orgulho feminino era demonizado, em frases como a de Helena Tannure: "Sua proporção de humildade é o que você tem de Jesus; o que você tem de orgulho é o que você tem de Lúcifer." A falta de submissão até poderia ser interpretada como uma questão de personalidade, mas na maioria das vezes era tida como uma tormenta espiritual.

Eram feitas duas únicas ressalvas quanto à obediência feminina. As mulheres não precisariam se submeter a autoridades que as pedissem para realizar coisas interpretadas como contrárias ao comportamento religioso, como mentir e levar os filhos a outras alternativas de fé. E também não precisariam ingressar em práticas sexuais ilícitas, como o sexo a três. Mesmo assim, a força do ensinamento da submissão era tão grande que as líderes chegavam a questionar se as mulheres eram doadoras ou sugadoras de vida, coroas para seus maridos ou cânceres em seus ossos (referência a Provérbios 12:4).

O vestido vermelho da avó de Ana Paula

— Ana, quais foram os principais desafios que você teve no princípio do seu casamento?

— Uau! Eu realmente tinha o sonho Cinderela. Inclusive o meu apelido, meu pai me chama de Cinda, porque eu sempre fui uma menina muito romântica. Já falei aqui hoje cedo da minha ansiedade para casar. Eu gostaria muito de ter vivido uma adolescência mais tranquila, não tão preocupada com o casamento. Porque Deus é muito bom e eu poderia ter curtido mais. E confiado mais e descansado que no tempo certo, Ele traria a pessoa certa para mim, que é o Gustavo. Então, quando nós nos casamos, foi para mim realmente um conto de fadas. E ele foi um príncipe mesmo. Mas a realidade do dia a dia foi muito difícil. Porque o Gustavo, que era um namorado muito romântico, de repente parou com os bilhetinhos. Ele, que é muito poeta, parou com aquelas poesias. E eu posso dizer que eu também parei. Mas foi uma decepção para mim.

O templo estava completamente em silêncio, lotado e atônito ao ouvir um relato tão ansiado para quem só conhecia Valadão por seus CDs e algumas mensagens. Aquele era um bate-papo em formato de entrevista, conduzido por uma preletora frequente nos cultos e apresentadora no canal de televisão da igreja.

Ela narrou que teve ajuda da pastora Ezenete, com quem falava sobre suas angústias e frustrações, e ressaltou que suas feridas eram muito profundas e Deus precisava trabalhar em seu espírito para que ela pudesse liberar o seu marido das cobranças e permitir que ele a fizesse feliz. Sua longa e íntima fala, praticamente nunca interrompida pela interlocutora, era uma das mais convincentes ilustrações que ouvi até então em defesa da postura submissa que deveria ser adotada pela esposa.

Valadão seguia dizendo:

— Eu passei também por uma experiência muito forte com alguns espíritos familiares que me atormentaram no começo do casamento. Eu tinha um problema que, assim, o Gustavo estava longe, estava trabalhando e tudo, eu ficava com saudade dele. Aí eu planejava: "Quando ele chegar, eu vou recebê-lo com carinho. Vou me arrumar." Mas quando ele aparecia na minha frente, me dava uma raiva dele, me dava uma repulsa. E aquela doçura toda que tinha no meu coração para ele, de repente sumia. E eu só dava patada, só respondia duramente, parecia que eu queria me vingar dele, não sei pelo quê.

Valadão contou às fiéis que ainda hoje, já liberta desse espírito, enfrenta situações de tentação. No dia desse congresso, por exemplo, havia sido acordada às cinco da manhã pelo filho mais novo, que estava com a fralda molhada. Ela conjecturou que Gustavo havia ficado com os filhos após a babá dormir e não havia posto uma fralda nova no mais novo antes de colocá-lo na cama. Sem expressar verbalmente, ela sentiu raiva pelo fato de as atitudes do marido respigarem em sua rotina de sono durante um evento tão cansativo como aquele. Ela contava de forma irreverente e a plateia acompanhava com risadas. Dizia ter respirado fundo. Ponderado. Pensou que não deveria cobrar aquilo dele, pois ele estava sendo um marido maravilhoso por deixá-la fazer o que ela fazia e, portanto, ela não deveria reclamar.

A história da libertação continuava:

– Eu estava com o Gustavo de férias e, no primeiro dia que a gente chegou no hotel, não me lembro mais o que aconteceu, mas uma situação ridícula, que fiquei totalmente emburrada com ele. Eu tinha o dom de estragar os nossos dias. Aí ele saiu para correr, acho que ele foi desestressar, e eu fui dormir. E enquanto eu dormia, tive um sonho. Eu sonhei que tinha um castelo atrás da casa da minha avó. E neste castelo tinha uma mulher vestida de vermelho, que era a minha avó mais nova, e ela chegava na varanda do castelo e me entregava o vestido. Quando ela me entregou aquele vestido, acordei apavorada. Porque naquela hora eu discerni o espírito familiar que queria passar para mim. E vi muitas características de mulheres dominadoras na minha família. Dessas características que hoje nós chamamos de o espírito de Jezabel. Da manipulação, de você querer tudo do seu jeito, da insubmissão, de não ter um espírito ensinável, um espírito manso, mas um espírito forte, teimoso. Quando o Gustavo chegou, eu estava chorando muito e disse para ele: "Amor, eu quero te pedir perdão pelo que acabou de acontecer e preciso te contar que o Senhor me deu um sonho; e eu preciso de ajuda. Eu preciso ser liberta desse demônio familiar."

A narrativa sofreu outras interrupções com comentários sobre como suas ascendentes haviam maltratado cônjuges, noras e alguns netos. Valadão usava os exemplos para esclarecer às ouvintes a qual nível o diabo pretendia levá-la – de maltratar o marido, de ter aversão dele, de ser ruim. E prosseguia:

– Aí, eu e Gustavo oramos naquela tarde e começou uma batalha. Toda vez que eu me sentia tentada a agredi-lo, verbalmente ou até com resistência ao meu marido na vida íntima, todas essas coisas eu fui vencendo com oração e com arrependimento. Pedindo perdão ao meu marido e nós dois orando juntos. Até que teve uma vez que eu estava assim e tal [dando a entender que estava nervosa], aí ele disse: "Eu não tolero Jezabel."

Valadão encerrou dizendo que sua luta não é contra carne ou sangue, mas contra principados e potestades (isto é, contra os poderes do mal), fazendo referência a Efésios 6:12.

Você não precisa fazer força para ser submissa

Quando a entrevistei, disse a ela que observando suas pregações nos cultos percebia que ela reconhecia alguns ganhos do movimento feminista, como a projeção trazida para as mulheres, mais espaço no mercado de trabalho e a valorização do feminino. Mas a questionei de que, apesar disso, ela pregava sobre a inegociável submissão da mulher a seu esposo e a Deus, levando algumas pessoas a chamarem-na de machista. Perguntei como ela encarava isso. Reproduzo abaixo sua resposta:

> Bem, para mim é muito tranquilo voltar aos princípios bíblicos. Por que voltar? Porque a sociedade se desvia. Ela vai cada vez mais para longe de Deus. Então, alguns princípios que Deus estabeleceu estão tão distantes da nossa sociedade, que voltar a eles vai ser alvo de críticas. [...] Então eu vejo que remar contra toda essa maré, quebrar as influências familiares e todos os referencias que nós temos da relação da mulher para com o homem, é realmente muito difícil. Agora, quando uma mulher se converte a Jesus, começa a ler a Bíblia, começa a entender os princípios bíblicos sobre o homem, sobre a mulher, sobre a relação dos gêneros, e essa mulher começa a receber a capacitação do Espírito Santo, é algo tão natural que você não faz força para ser submissa, sabe? É um respeito, é um negar a si mesmo muitas vezes, e que deve acontecer não só na relação marido e

mulher, mas na submissão uns aos outros todo o tempo, que é muito natural, sabe? É uma humildade nos relacionamentos, um quebrantamento, não é um endurecimento do coração, é muito tranquilo. Eu não vejo assim como machismo, como se eu tivesse valorizando o homem para desvalorizar a mulher. De modo algum. É muito tranquilo. Sou tão feliz. Sou muito mais feliz no meu casamento depois que eu comecei não só a conhecer, mas a vivenciar a submissão. E você já deve ter ouvido eu falar também, né, sobre esse respeito da mulher a toda figura masculina. No local de trabalho, com pais, com irmãos. Gente, é tão tranquilo, tão bom. É realmente é uma reação... Essas críticas são uma reação esperada. Porque nós estamos indo contra.

Continuei a entrevista falando de contracepção e maternidade – assuntos que serão abordados no sétimo capítulo –, mas neste ponto considero importante refletir sobre algumas das consequências de pontos de vista como o exposto acima.

Em primeiro lugar, certas exigências são feitas entre os evangélicos tanto para mulheres quanto para homens, como a própria Valadão sugere. A antropóloga Clara Mafra,[24] por exemplo, pesquisando no Rio de Janeiro na década de 1990, observou que havia entre ambos os gêneros a defesa de uma "sexualidade casta" frontalmente oposta aos costumes que vêm sendo adotados na sociedade brasileira contemporânea. Maria das Dores Campos Machado, uma das principais sociólogas a estudar a relação religião e gênero, também notou algo semelhante ao falar sobre o modo como os homens, depois que se convertem, se gentilizam e se aproximam do ambiente doméstico.[25] Retomarei esta ideia mais para a frente. No entanto, de acordo com minhas observações, alguns traços de personalidade, como teimosia, insubmissão, geniosidade e relutância, são inaceitáveis nas mulheres, embora nem sempre sejam objeto direto de confronto se aparecem nos homens.

A segunda consequência da postura defendida pela pastora é que essas características rejeitadas são demonizadas. Segundo o testemunho de Valadão, sua personalidade não era fruto da criação que recebera ou das experiências enfrentadas ao longo da vida, mas sim da ação de um espírito. Toda vez que pesquisadores se deparam com a destinação da culpa a uma instância transcendente, problematizam sobre a responsabilização dos sujeitos. Isto é, questionam a quem se atribui a agência e as capacidades de transformação do mundo. Nesse sentido, pergunto se não seria apenas Ana Paula a responsável pela grande mudança narrada. Afinal, ela reconhece a batalha cotidiana que travou contra as reações de "rebeldia" que continuaram aflorando nela.

Quando estamos lidando com situações como crises políticas e morte de pessoas por falta de medidas preventivas que garantam a segurança, esse tipo de discurso se transforma em um problema. Considerar que mudanças sociais podem ser fruto de orações dissociadas de uma ação voltada a sanar as causas que se assentam na estrutura da sociedade implica a produção de sujeitos apáticos e que não exercem seus papéis de cidadãos. Uma das pessoas mais marcantes que já passou pela minha vida, uma tia que faleceu muito jovem, me disse enfaticamente uma vez: "A gente não consegue lutar contra aquilo que não acredita." É verdade. E as raízes sociais das desigualdades e diferenças podem ser muito bem incluídas nisso.

Por último, penso nos efeitos que falas como essa podem desencadear em mulheres que passam por situações adversas em suas residências, podendo incluir violência doméstica. Não há clareza de que as ouvintes de Valadão possuam o discernimento para diferenciar a "batalha" descrita e as vezes que estão sendo desrespeitadas por seus pais, maridos e outros. Pois é comum que as vítimas de maus tratos se sintam culpadas pelo que sofrem e tendam a justificar quaisquer tipos de agressão como uma reação do outro a uma atitude sua que poderia ter sido diferente.

No oitavo capítulo, narro sobre a explícita orientação de divórcio dada por uma pastora da Lagoinha a uma mulher que apanhava e era trancada em casa pelo marido. No entanto, é importante ressaltar que insultar, gritar, humilhar, isolar, ameaçar, intimidar, difamar, reter o dinheiro e proibir de trabalhar são violências, assim como todos os tipos de agressão física, e, quanto a essas, minhas pesquisadas têm sido omissas (ao menos nos discursos; pode ser que haja mais atenção nas orientações individuais).

Mas pressionar a fazer sexo também se enquadra em ato de violência[26] e, infelizmente, a recusa do ato sexual por parte das mulheres é interpretada, pelas religiosas, como um impedimento dos direitos do marido. Achei problemático, portanto, observar que discursos esclarecedores e protetores das mulheres não são tão frequentes nem muito claros. Sempre é dito que cada caso é um caso.

Um dos episódios que encontrei em meus registros que tinha relação com o tema da violência ocorreu quando, recebendo uma equipe da Rede Evangélica Nacional de Ação Social (Renas), por meio de um projeto denominado *Bola na Rede*, foi falado sobre o papel dos cristãos na luta contra a exploração sexual de crianças e adolescentes. Lembro-me de ouvir que as mulheres deveriam trabalhar para que as famílias e a igreja fossem lugares de proteção.

Além do testemunho de uma advogada, que atuava no centro de combate à violência infanto-juvenil e da chamada para que as fiéis fizessem colaborações financeiras, o que vi foi Valadão fazendo uma oração na qual dizia não aceitar a exploração sexual e os espíritos malignos que promoveriam prostituição, tráfico humano, pedofilia, violências e abusos. Nada foi dito sobre o fato de a maioria dos casos de agressão contra crianças e adolescentes acontecer dentro de casa, perpetrada por pessoas do convívio familiar.[27] Seguia-se um apelo para que mulheres feridas e eventualmente desviadas se arrependessem e se voltassem para Cristo.

Outra vez, ouvi que mulheres que estivessem enfrentando situações adversas em suas residências deveriam procurar ajuda. Mas as dificuldades não eram ilustradas, como tudo o mais nas tantas instruções que presenciei. No nono capítulo, abordo que a palavra violência apareceu mais de uma vez e fazendo referência à mulher, mas Valadão reforçava que, para que houvesse respeito, seria necessária a apreciação das diferenças entre homens e mulheres.

Em um dos congressos, ela contou uma experiência pessoal. Aos 11 anos de idade, tinha sido chamada por um adolescente de 17, que ajudava a monitorar as crianças da igreja, para se sentar em seu colo. Ana falava sobre o constrangimento que sentiu, e que não conseguia reagir e sair da situação. Em suas sessões de terapia, identificou aquele momento como uma "quebra" de si e a razão de sofrer anos do casamento com as mentiras que o abuso gerou em sua mente, como a de não admirar o desejo de um homem por ela. Narrando ter passado por um processo de cura, afirmou: "Eu sou digna de um homem que tenha atração sexual por mim com pureza, com santidade", referindo-se ao marido. E questionou às fiéis se elas, em seus respectivos casamentos, também não estariam se vingando dos garotos que as puseram no colo.

Sobretudo no último ano, observei que os discursos de Valadão têm tom mais terapeutizante. Inclusive ela aborda a prática psicológica com naturalidade, ainda que ressaltando que o profissional a ser procurado precisa ser cristão. Também observei estudiosas da neurociência trazendo diversos conhecimentos deste campo durante as pregações. No entanto, ainda é precoce dizer que se trata de uma guinada em tal direção, pois Valadão permanece dizendo que o Espírito Santo pode fazer em uma noite o que anos de terapia não conseguem realizar. Isto é, as transformações continuam entendidas como de ordem espiritual.

Sendo assim, temo que muitas daquelas que são levadas com risos por histórias marcantes como os testemunhos de Valadão, que, para mim, por exemplo, nunca foram esquecidos, possam ser também embaladas por choros provocados por injustiças sofridas dentro de suas próprias casas, no seio da tão ansiada família, achando que se trata da vontade de Deus.

***

A antropóloga Véronique Boyer-Araújo[28] comparou mulheres evangélicas e médiuns e mostrou que a autoafirmação feminina em quaisquer dos dois contextos de fé era subordinada à postura de submissão à autoridade masculina. Esta ou era representada pela figura do marido ou por algum tipo de entidade espiritual como os caboclos. Depreende-se de seu pensamento uma ideia à qual faço coro – a de que as religiões contribuem para uma sujeição das mulheres. Quando se olha para os dados levantados por uma pesquisa do Datafolha, citada pela antropóloga Clara Mafra,[29] em 1996 observava-se que enquanto apenas 17% da população brasileira concordavam que a mulher deveria ficar submissa ao marido, a proporção entre os evangélicos era de 48%.

Até hoje me espanto com essa ideia de submissão, quaisquer que sejam as variantes disso e o nome mais bonito ou menos bonito que possa ser adotado para explicá-la. Demorei muito tempo para entender que minha autonomia seria proporcional ao custeio das minhas despesas, mas olhando para trás percebo que meus pais, assim como muitos outros, me regulavam apenas porque temiam pelas escolhas que eu viesse a fazer. Mas não é de autonomia que se trata os ensinamentos que ouvi e descrevi acima. A submissão pregada é considerada um instrumento usado por Deus para disciplinar a mulher.

Quando uma mulher não se submete, diziam Valadão e as demais líderes, ela está se rebelando contra o próprio Deus. Mulheres submissas e sujeitas são pessoas dóceis e felizes.

Quando me casei aos 25 anos, já havia avisado ao meu marido que eu não seria uma mulher submissa. Não fui e agora me libertei de qualquer resquício disso. Penso que a submissão foi um ensinamento que eu nunca introjetei. E não tive culpa por não ser submissa. Em nenhum dia me peguei enxergando uma luta pessoal, fosse ela afetiva ou de qualquer outra natureza, como fruto do meu comportamento livre. Considero que existe uma diferença considerável entre ceder, sobretudo em um casamento (em que duas pessoas vêm de famílias cujos valores e hábitos podem ser bastantes diferentes) e colocar alguém como uma figura de autoridade sobre mim. Quando os ensinamentos que ouvi falavam sobre abrir mão de certas convicções para um bom convívio em família, eu concordava. Mas na minha casa, por exemplo, administro os recursos financeiros. Então jamais me submeteria a entregar esses cuidados a alguém por um princípio espiritual.

Fui criada por um pai que me falava repetidamente tantas frases icônicas que eu poderia escrever um livro apenas sobre os ensinamentos dele. Uma delas dizia: "Não criei filha para calar, mas para falar." Recuperada e enfatizada em circunstâncias das mais diversas, mesmo as banais, essa frase teve um impacto muito maior como mecanismo socializador sobre mim do que qualquer instrução que eu recebia sobre ser obediente, domada e acatar a vontade alheia.

Vários anos depois, me deparei com a história de mulheres importantes que, em função do preconceito de gênero, foram apagadas e esquecidas ao longo da história. Maria Anna,[30] a irmã de Wolfgang Amadeus Mozart, por exemplo, era compositora, violinista e pianista, recebeu educação musical e era talentosíssima. Algumas das obras atribuídas a Mozart eram na verdade dela. História muito semelhante viveu Fanny Mendelssohn,[31] irmã de Felix Mendelssohn, que não tinha o apoio do pai e acabou por morrer jovem e sem qualquer reconhecimento de suas músicas. Ambas viviam em sociedades cuja participação das mulheres nas artes era repudiada. Alguns poucos gêneros de canções lhes eram permitidos, mas para serem tocados dentro de casa.

Livros[32] têm tentado resgatar o nome de mulheres invisibilizadas, porque a lista é infindável. Cientistas, astrofísicas, matemáticas, ginecologistas, escritoras e até donas de descobertas coroadas com prêmio Nobel, mas que não puderam recebê-lo por serem mulheres.

Não há dúvida de que o nome de Ana Paula Valadão será lembrado por suas milhares de canções, projetos diversos, registros midiáticos, livros e entrevistas, assim como por suas prédicas envolventes. No entanto, enquanto ela resplandece entre uma geração, tantas mulheres vão sendo silenciadas e apagadas em nome do que ela faz questão que permaneça inquestionado.

5.   O casamento e o tão desejado lar

Iara Resende, Priscila Guerra, Márcia Resende, Daniela Bessa e Ana Paula Valadão conversam sobre a espera do "príncipe encantado".

– O príncipe encantado, gente, ele não existe, tá? O que existe é um homem, humano, com quem a gente decide estar.

– O amado é diferente do príncipe encantado. Essa imagem de um príncipe pode complicar muito a situação.

– A palavra encantamento tem um significado demoníaco. A jovem fica suscetível ao espírito do engano. Os pais tentam falar, mas ela não enxerga.

– Eu vejo que o Senhor vai trazer um homem segundo o coração dele, porque essa é a promessa de Deus.

– E o rapaz, gente, ele tem que servir a Jesus, os pais dos dois devem estar abençoando. O namoro é algo em família.

– A gente precisa alertar que, na verdade, muitas pessoas se casam para não ficar sozinhas e sem sexo.

– E muitas moças preferem ter o título de divorciadas do que o de solteiras. Porque elas se importam apenas com o rótulo.

– E o pior, querem ter produção independente, sendo que uma criança precisa de pai e mãe.

– Essa ideia de que se não for agora não vai ser nunca mais é um engano. Jesus é a fonte de toda a nossa satisfação pessoal.

– Oh gente, e se o casamento fosse a solução, não teríamos tantas mulheres procurando por aconselhamento aqui na igreja. E quando não tem sexo no casamento porque o rapaz é homossexual? Namoro é para conhecer o outro. Lembrem-se de que namoro é conversar. Casamento é se calar. Então, se o namoro está falido, tem que terminar, viu, gente?!

– E como discernir que um rapaz é gay? Orando, observando. É do homem tentar. Se ele não tentou, alguma coisa errada tem. Se o rapaz começar a falar muito de moda com você, preste atenção!

Cônjuge – uma velha coisa que pode ser renovada

O primeiro Congresso de Louvor e Adoração Diante do Trono que acompanhei aconteceu em um dos principais centros de convenções de Belo Horizonte. Lotado, mesmo para quem estava na frente, como eu, só era possível ver Valadão na proporção de uma bonequinha dessas mínimas que fazem sucesso com as crianças atualmente. O corpo de bombeiros exigia uma distância considerável entre palco e público. Valadão pregava sobre os vinhos novos. Para quem não sabe, trata-se dos versículos abaixo:

> Então, chegaram ao pé dele os discípulos de João, dizendo: "Por que jejuamos nós e os fariseus muitas vezes, e os teus discípulos não jejuam?" E disse-lhes Jesus: "Podem porventura andar tristes os filhos das bodas, enquanto o esposo está com eles? Dias, porém, virão, em que lhes será tirado o esposo, e então jejuarão. Ninguém deita remendo

de pano novo em roupa velha, porque semelhante remendo rompe a roupa, e faz-se maior a rotura. Nem se deita vinho novo em odres velhos; aliás rompem-se os odres, e entorna-se o vinho, e os odres estragam-se; mas deita-se vinho novo em odres novos, e assim ambos se conservam" (Mateus 9:14-17).

O convite feito acima, dizia ela, era para que as pessoas se rendessem a Jesus, capaz de trazer um novo jeito de pensar, agir e falar, pois Deus requer que se seja flexível aos novos contextos e histórias. O sermão prosseguia. Eu já havia ouvido pregações usando essa parábola bíblica por tantas vezes que já nem prestava tanta atenção quando a escutava de novo. O espaço estava quente e eu me sentia um pouco constrangida por anotar com tanta veemência. Essa é uma prática comum ao fazer observação para uma pesquisa e, para minha sorte, não é nada estranha entre os evangélicos.

Minha atenção se voltou totalmente para o palco quando o tom de voz de Valadão mudou e eu escutei que muitas vezes o novo de Deus seriam as velhas coisas renovadas. Ela gritava. A plateia também. Ela fazia referência aos cônjuges. "Velhas coisas renovadas", ela dizia. As crises matrimoniais não eram ignoradas. Mas, na fala da pastora, notei uma forte defesa de que as mulheres não devem desistir de seus casamentos ruins. Uma imensa confiança era depositada nas ações e intervenções de Deus.

Pelo alvoroçar da plateia naquele dia, pela contrição apresentada por muitas mulheres em eventos subsequentes, e pelos gritos de aleluia que podiam ser ouvidos com recorrência quando se tratava desse assunto, era perceptível que os casamentos eram condições problemáticas para muitas das ouvintes. Embora a família fosse algo pregado e claramente desejado pelas fiéis que pesquisei, havia consciência de que poderiam existir casamentos malsucedidos e, mesmo os bons não deveriam ser a fonte última de felicidade das mulheres.

As pastoras e preletoras pregavam que é responsabilidade da mulher tanto ser feliz quanto ter sucesso no casamento. A afirmação de uma delas ilustra isso: "Deus só espera uma coisa: você querer. Há um poder muito grande nas mãos da mulher. A mulher tola destrói. A sábia constrói. Responsabilidade, gente." Outra vez, o alerta era feito quanto ao perigo de as mulheres estarem na igreja ocupando posições de liderança e escapando de seus compromissos no lar. Ana Paula Valadão afirmou com certo pesar: "Eu amo meu chamado, mas muitas vezes tenho que renunciá-lo pelo meu ministério família." E outra vez disse: "O lar é o seu primeiro ministério. Enquanto você está servindo à sua família, você está servindo ao Senhor. Trabalhar não é errado, o problema é que o coração, às vezes, não é capaz de discernir as prioridades."

Ana alegava que era pecado murmurar contra as tarefas domésticas e incentivava as fiéis dizendo: "Se eu não tivesse sido aprovada no tanque, hoje não estaria com esse microfone na mão." Por vezes, as líderes brincavam com a palavra terapia. Dividiam-na dizendo que terapia é ter a pia. O cuidado com o esposo, os filhos e a casa, portanto, era enfatizado como mais importante do que as obrigações da igreja e quaisquer outras, inclusive professionais.

A mulher é aquela que "transmite a dignidade do lar", afirmou Devi Titus, líder norte-americana, texana, e que serviu de grande inspiração para Valadão.[33] Se a mulher é desobediente e preguiçosa, explicava ela, é capaz de desqualificar a unção do marido e as bênçãos sobre as crianças. Pois o lar, incluindo as empregadas, são de responsabilidade da mulher. Titus ensinou às brasileiras o princípio do *also* (também, em inglês): "O que também pode ser feito? O que eu posso fazer além do que já fiz? O que a mais eu posso fazer?" Essas perguntas se referiam à casa. O trabalho doméstico deveria ser feito como se fosse para Deus, pois Ele recompensaria os afazeres femininos.

Passei muito tempo me indagando se esse tipo de discurso não seria injusto com algumas mulheres, como as mais pobres, senão com todas.

Se eu não lavar aquele copo, ninguém vai tirar ele dali

Em relação à família, Valadão relata ter sofrido profundas mudanças quando, em 2009, com o esposo e os filhos, foi passar uma temporada nos Estados Unidos. Relatou o que transcrevo abaixo em uma entrevista que cito praticamente na íntegra, dividida em partes ao longo do livro. Em suas próprias palavras, ela estava rasgando o coração para a plateia. Na época, não lembro de ter me comovido. Via a entrevista como uma narrativa vinda de uma cantora que ganhava tanto dinheiro que parecia contar uma história de filme na qual uma madame privilegiada recebe as consequências por seus luxos tão pouco acessíveis.

Mas em 2018, fiquei muitos meses sozinha com a minha filha em casa. Embora eu já houvesse encerrado minha licença maternidade e ela ficasse na escola ao longo do dia, éramos apenas nós duas à noite e, como eu não tinha empregada, na maior parte do tempo, assumia todas as atividades domésticas. Morávamos numa casa de mais de 200 metros quadrados que havia se tornado um verdadeiro castelo de horrores com a saída do meu marido. Ele estava trabalhando em São Paulo e, durante aqueles meses, nosso relacionamento passou por mudanças definitivas.

Tive que me virar nas noites insones com uma bebê queimando em febre, com inúmeras infecções que eu pegava dela em função da baixa imunidade de ambas. Eu subia e descia as escadas dos dois andares da casa com uma tristeza que não cabia no peito. Perdi as contas de quantas vezes encostava na parede do banheiro da suíte, de modo a continuar visualizando minha filha dormindo no quarto, e chorava a minha solidão. Não do fim daquele casamento em si, mas do encontro comigo mesma, com uma Nina que há tanto tempo eu já não encarava.

Desde que terminei meu doutorado, em fevereiro de 2015, parei de fazer todas as tarefas de casa porque, em sete meses, eu teria o que considerava o concurso da minha vida. E foi mesmo; tratava-se da abertura de duas vagas para professor adjunto no departamento de Sociologia da Universidade Federal de Minas Gerais, cujos concursos já não eram tão frequentes quanto foram na época da expansão do acesso ao ensino superior – sobretudo a partir de 2007, com o Programa de Apoio a Planos de Reestruturação e Expansão das Universidades Federais (Reuni). Toda a dedicação aos estudos me levou à aprovação. Mas percebi que, não apenas naquela época em particular, mas ao longo dos meus anos de casamento, fui, dia após dia, odiando preparar o jantar, o café, lavar a louça, arrumar a casa. Tempos depois, aquele era o duro caminho que restava para mim. Eu cuidava dos cachorros, alimentava minha filha, dava banho, fazia dormir, limpava o chão sujo, lavava as vasilhas; tudo isso a sós. Foi a época mais dolorida da minha vida. Quando ouvi novamente o relato de Valadão, chorei muito. Chorei porque me dei conta de que, sem sequer perceber nenhum traço de mudança, eu havia me transformado na dondoca que eu criticava e que também passaria por uma grande deserto até tomar as rédeas da simplicidade e do controle de sua situação.

O que Ana contou?

> Ali foi tão difícil para mim, mas, ao mesmo tempo, foi tão bom. Eu falo, assim, que enquanto lavava as roupas da minha família, lavava a louça, lembro que falei assim... Ahhhhh, eu queria gritar. Se eu tomo essa água, coloco o copo na pia, ninguém vai tirar ele dali. Ele não vai ser lavado. Ele vai ficar ali mofando até eu ir fazer. Eu tinha que fazer tudo, não tinha ajuda para nada. E os filhos pequenos. Sei que essa é a realidade da maioria das mulheres, mas eu não tive essa realidade. Minha mãe sempre fazia tudo e depois ela teve ajudantes, enfim, resumindo, falei: "Senhor, eu não sabia que eu estava tão longe. Eu não sabia que estava tão

longe de ti, da tua simplicidade, do teu coração de servo." Sem perceber, eu não carregava nem uma mala. Não era maldade, eu sempre tive pessoas ao meu redor para fazer. E eu aprendi tanto. [...] Eu estou aqui aprendendo a servir. A servir o meu marido. A servir os meus filhos. Eu fui tão trabalhada por Deus que falei: "Não tem como eu voltar a ser quem eu era antes." Mesmo que eu tenha voltado para a estrutura de conforto, para a estrutura de apoio que tenho no Brasil, não sou a mesma. Eu tenho muito mais iniciativa para servir, eu tô muito mais atenta para servir, e muito mais independente no bom sentido. Eu cresci tanto. Deus colocou muitas pessoas para me cercar e proteger, mas sempre deixei muitas decisões serem tomadas por outros, a ponto de que até a gravação do álbum *Ainda existe uma cruz* nem o meu figurino não era eu quem escolhia. Então amadureci muito nas tomadas de decisões. E sinto muito para quem gosta de cabelão, mas acho que nunca mais vou ter cabelão, porque eu nunca mais vou ser a Ana Paula de antes.

Sobre mim? Aproximadamente um ano depois, troquei aquela casa por um pequeno apartamento muito próximo da escola da minha filha e do meu trabalho, mas posso dizer que as mudanças do lado de fora apenas traduziram uma avalanche de transformações que foram operadas por dentro. Continuei arrumando a casa, passei a cozinhar bem mais. Lavo a roupa suja, organizo os pertences da minha filha, rego as plantas. Apesar do espaço bem menor, algumas tarefas não diminuíram, mas passaram a ser realizadas a curtos passos de distância umas das outras. E eu reencontrei a grandeza de ter um lar e a leveza de poder estar a sós dentro dele.

Minhas pesquisadas compreendem bem o poder de cura que o cuidado com uma casa pode trazer. Uma pena que não incentivem que os homens assumam todas as tarefas de igual modo. E uma pena maior ainda que elas entendam que a vida ideal é aquela construída com um par.

Se chegarem ao casamento, que tenham úteros curados

Se existe uma área digamos que de *expertise* da palestrante norte-americana Devi Titus é a relativa aos cuidados domésticos. Ela é autora de vários livros, dentre os quais cabe destacar *A experiência do lar* e *A experiência da mesa* (com mais de trinta mil unidades vendidas apenas no Brasil, segundo ela) e ambos prefaciados por Ana Paula Valadão. Antes de descrever seus ensinamentos, vale a pena olhar para algumas das fortes convicções de Titus que tanto embasam os defendidos atos de organizar o serviço das refeições quanto ilustram parte do universo no qual Valadão e outras líderes foram treinadas.

Em seu sermão, Titus diz que, percebendo Deus que não era bom que o macho estivesse só, criou uma fêmea para ser sua ajudadora, isto é, fez um ser cujo *design* é cooperar, honrar e amar o homem e ter a capacidade de dar a vida. Homens e mulheres, portanto, teriam sido feitos de diferentes materiais – homens de algo forte e mulheres de matéria macia, suave, como, segundo ela, sugerem as palavras no original hebraico (idioma no qual o Antigo Testamento foi escrito). Desse modo, não poderia haver uma sociedade livre das diferenças de gênero ou que misture identidades. A igualdade, em vez de empoderar a mulher, estaria justamente minando as suas forças. O verdadeiro poder feminino estaria em permanecer naquilo que Deus criou a mulher para ser.

Ao se unirem, homem e mulher se tornariam uma só carne e constituiriam família. Em sua palestra, ela ressaltava que um animal de estimação é uma boa companhia, mas é um substituto do real parceiro e isso não representa a vontade de Deus.

Ensinando que as mulheres devem ser as guardiãs dos lares, Titus e Valadão pediam para que elas repetissem: "Eu sou mulher, eu sou macia, eu sou suave e poderosa. Eu sou inteligente e sensível, eu sou profunda e relacional, eu sou responsiva, porque eu sou uma doadora de vida." Orando por aquelas que não sentiam vontade de ser mulher, o que era chamado por Titus de "situação de morte", a estrangeira seguia afirmando:

> Quero que você saiba que nós não servimos ao inimigo. Nós é que dizemos a ele: "Eu não vou mais conceber essa mentira de que eu não sou nada, de que não sou ninguém, de que tenho que competir com o homem." A partir de agora, você dirá: "Eu viverei a vida de modo diferente." Em nome de Jesus, pelo poder do Espírito Santo, eu quebro agora toda a corrente de negativismo que

o inimigo usou para trazer em cativeiro a identidade e o entendimento dessas lindas mulheres de Deus.

Não bastasse essa ministração, naquele encontro Valadão pediu uma oração específica pelas mulheres que não queriam ser mulheres e que pensavam que não deveriam ter nascido como mulheres. Ela dizia que carências, abusos, decepções com os homens e desejo de experimentar algo novo cooperam para esse tipo de pensamento, que seria uma mentira, uma distorção da mente, uma corrente do inferno que conduz ao lesbianismo.

A pastora Ezenete Rodrigues, perita em quebra de maldições, tomou o microfone, estendeu as mãos em posição de autoridade e fez uma oração extremamente efusiva, acompanhada por instrumentos ao fundo que deixavam a atmosfera do local preparada para mexer nas estruturas emocionais de qualquer pessoa que estivesse suscetível:

> O Espírito do Senhor sopra sobre a sua vida. Comece a receber agora a verdade de Deus, o poder de Deus [...]. Espírito das trevas, que traz cadeia, que fortalece os cadeados para vivermos como miseráveis, como mulheres de qualquer maneira. Em nome de Jesus, agora eu te chamo para a libertação, eu te chamo para a libertação, eu te chamo para a libertação. Venha, mulher, venha, mulher, para a vida de Deus. Toda a falta de aceitação, achando que Deus errou quando te criou, cai por terra agora, cai por terra agora, cai

por terra agora. Todas as correntes que Satanás
amarrou desde o ventre da sua mãe, em nome de
Jesus, agora vêm para fora. Ah, toda a mentira de
Satanás contra o seu sexo, receba a libertação.
Receba, receba, receba, receba, receba, receba,
receba, em nome de Jesus.

Muitas mulheres levavam as mãos à testa; outras se encurvavam
balbuciando coisas íntimas entre si e Deus. Algumas davam pequenos
pulos e balançavam o corpo para a frente e para trás. Rodrigues
continuava dando o que ela chamava de comando. Sua voz ficava ainda
mais intensa e outras frases em línguas estranhas acompanhavam a fala.
Ela alertava as mulheres que se alguém sentisse tontura ou mal-estar,
estava tudo bem, pois era a ação do Espírito Santo.

A ordem era para que, assim que ela falasse, as mulheres fizessem
um movimento na testa retirando suas mãos, o que representava a
intervenção divina limpando tudo o que seria do inimigo e que outrora
havia sido implantando nos pensamentos. Elas obedeciam. O segundo
comando era sobre o útero, para obter úteros libertos e férteis. A
música acompanhava o tremor e as lamúrias de várias das fiéis. O som
se juntava à esperança pela cura da infertilidade. O ambiente estava
sensível; impossível não se comover olhando para tantas mulheres
desejosas daquela libertação. Elas oravam, choravam, aplaudiam,
olhavam para o alto como se falassem com Deus. Pulavam e
regozijavam pelo futuro milagre.

Quando revi essa cena em vídeo para transcrever as falas acima,
imaginei que, pela mente daquelas religiosas, deveriam estar passando

imagens de repetidos exames negativos, sangramentos abortivos, ultrassons sem batimentos cardíacos, perdas precoces de filhos. Só hoje consigo entender que tanto clamor, que não fazia sentido para mim, pois não pensava seriamente em não ter filhos, servia como um refrigério na alma daquelas que eram ensinadas sobre o seu papel de nutridoras da vida. As palavras de Titus, Valadão e Rodrigues se dirigiam a um público que acreditava, com sinceridade, que o cumprimento da vontade de Deus estaria no estabelecimento da família e na concepção de um filho.

Infelizmente, por uma questão meramente demográfica, não é possível que cada mulher ache o seu par perfeito. Até os 24 anos de idade, o número de homens na população ultrapassa um pouco o das mulheres. Eles são 18,2%, enquanto elas são 17,5%. No entanto, incluindo as demais faixas de idade, as mulheres são 51,7% da população,[34] ou seja, número maior que o dos homens, isso sem contar que a proporção delas é ainda mais expressiva quando olhamos para as igrejas evangélicas. O censo demográfico mostra 54% a 56%[35] de mulheres em denominações religiosas pentecostais (2010 e 2000, respectivamente), podendo algumas igrejas, como a Universal, chegar a 63% de audiência feminina[36] ou mais.[37] Isto é, predomina na religião evangélica mais mulheres, mais pessoas jovens e proporcionalmente menos idosos.[38]

Fazendo uma conta simples, não fecha; não haverá marido para todo mundo, a não ser que Deus converta cônjuges já adquiridos, ou homens solteiros ou divorciados. Contudo, o que pesquisas anteriores evidenciam[39] é que uma boa parte da conversão dos homens à religião evangélica é influenciada pela conversão das esposas deles, que iniciam a trajetória da fé primeiro. Então, acho que minha narrativa jamais será capaz de expressar o que é mais angustiante – ver mulheres clamando pela cura do útero ou aquelas que unem a estas suas vozes, sendo que enfrentam uma grande chance de nem chegarem ao casamento.

Voltemos, enfim, à experiência da mesa.

O pão da presença

Titus dialoga com as mulheres a partir dos dados atribuídos ao IBGE. Ela chama a atenção para três estatísticas: 1) o baixo número de crianças nas unidades familiares brasileiras cujos pais têm ao menos a oitava série do ensino fundamental; 2) a idade, em média, alta das mulheres no momento do casamento (27 anos); e 3) a baixa duração dos casamentos no Brasil (em média, 11 anos). Ela compara com os Estados Unidos, que estão vendo florescer mega-igrejas como nunca antes, mas cujas famílias estariam se desfazendo da mesma maneira que no Brasil.

Ela conta que, há anos, pediu a Deus para lhe revelar como poderia ajudar mulheres a reconstruir os lares. Diz ter ouvido a palavra "mesa", mas questionado quanto à validade da revelação, afinal nunca observara nenhum sermão sobre o tema.

Recuperando, de maneira sofisticada, inúmeros versículos bíblicos, Titus argumenta que sentar-se à mesa para fazer as refeições juntos é um princípio criado por Deus. A mesa seria o altar da família, o lugar de interação das pessoas face a face, além do espaço para a criação de vínculos. Na mesa, estaria o "pão da presença" de Deus, ou seja, a possibilidade de cura e transformação. Em suas palavras: "Há uma redenção sobrenatural quando se vai à mesa."

Para ela, o diabo tem uma estratégia – deixar as mulheres tão ocupadas com suas atividades profissionais, de entretenimento e os serviços da igreja, que elas nunca tenham tempo para a mesa. Consequentemente, seus casamentos e filhos serão arruinados, pois é na mesa que se começa a formar o caráter de uma criança; é o espaço no qual os filhos aprendem quem é a autoridade e quem cuida deles.

Titus usa a parábola do filho pródigo (contada em Lucas 15) para ilustrar. Este, quando voltou para casa, encontrou o pai mandando fazer uma refeição e colocando a mesa para a reconciliação. Titus lembra também que a maior parte do discipulado de Jesus acontecia com Ele e seus discípulos sentados à mesa. Ela recupera a cena da santa ceia, na qual Jesus havia dito que todas as vezes que seus discípulos fizessem refeições daquele tipo, deveriam fazê-lo para se lembrar que não importam as circunstâncias, Ele havia pago um preço de redenção e aberto um caminho que não havia antes. A preletora dá muitos outros exemplos bíblicos que confirmam a relevância do estar juntos à mesa.

Argumenta, por fim, que o importante não é se a mulher cozinha ou compra a comida pronta, mas que ela use a mesa para estabelecer e construir dia a dia a intimidade com a família. As que têm funcionárias/ajudantes devem coordená-las para que aprendam a montar as mesas no padrão das donas de casa, mesmo na ausência destas. Titus orienta às fiéis que desembalem as louças herdadas de suas avós e tirem das caixas aquilo que fica guardado esperando uma ocasião especial. Para ela, a família merece o melhor e não as visitas.

Apesar das instruções práticas, faz questão de frisar que o que importa é que as mulheres entendam que arrumar a mesa tem por trás o princípio da comunhão espiritual.

Em outra ocasião, Titus narrou o testemunho de uma mulher que fora restaurada a partir da experiência da mesa:

Naqueles dias, eles [a mulher que a ouvia na Conferência Mulheres Diante do Trono e o marido] já não dormiam no mesmo quarto. Viviam na mesma casa, mas não falavam um com o outro. Eles têm três filhos, e o de 12 anos ainda era analfabeto. Eles já o tinham levado em todos os profissionais possíveis. O menino estava pelo menos três séries atrasado. Ele estava ficando bem alto e indo à escola com crianças pequenas. Estava deprimido e andava muito irado. Os pais não sabiam o que fazer. Depois de ouvir essa palavra na conferência, ela voltou para casa, tirou das caixas os melhores pratos, as louças que ela tinha reservado só para as visitas, e montou a mesa. Eram cinco pessoas na família e no sexto assento eles colocaram um lugar para Jesus, o pão da presença. E aquela foi a primeira refeição deles juntos. Ela se desculpou, pediu perdão e se arrependeu para com o seu marido. O marido pediu perdão e se arrependeu para com ela. E os dois pediram perdão e se arrependeram para com os filhos. E a família foi restaurada na mesa. Então começaram a comer refeições juntos todos os dias. Durante 30 dias não falharam. Um mês depois, estavam dirigindo no carro e o menino de 12 anos falou: "Mamãe, mamãe, eu consigo ler." E ele começou a ler os *outdoors*. Ela estacionou, e falou: "Lê de novo ali, lê aquele ali, vou escrever aqui, leia aqui." E deu a ele um livro, e ele leu. Ele foi completamente curado, curado na mesa. Glória a Deus!

Em agosto de 2015, no congresso de mulheres, Titus trouxe em primeira mão, para comercializar às fiéis ali reunidas, sua coleção de roupas de mesa. Ela havia criado alguns modelos de guardanapos de tecido, jogos americanos e passadeiras; todos com estampas de mensagens sobre virtudes religiosas, para que ao usá-los as mulheres pudessem ter a oportunidade de conversar sobre elas com a família e os amigos.

Os itens vendidos por Devi Titus, assim como os da *DTWear*, podem ser interpretados como decorrentes de estratégias comerciais. Em uma sociedade do capitalismo de consumo, é comum que, quando assistimos a algum guru, por exemplo, antes mesmo do início de sua fala, já haja um estande com o material disponível sobre o palestrante. Mas como sempre frequentei livrarias e tenho apreço por itens de papelaria, achava muito bom poder passar horas nos eventos de mulheres olhando os títulos religiosos, as roupas, os discos, os cadernos, as canetas, os diversos *souvenires*.

Micael Herschmann, historiador e comunicador, ao tratar da crise da indústria fonográfica[40] e explicar a ainda persistente venda de DVDs, tem um raciocínio bastante interessante que pode ser aplicado aqui. Para ele, os DVDs representariam a lembrança de uma experiência de *show* bem-sucedida, sendo uma maneira poderosa de acionar memórias e afetos. Penso que a comercialização dos itens religiosos caminha na mesma via. Não faria sentido para as mulheres comprarem guardanapos de linho produzidos por uma missionária estrangeira, não fosse o que eles simbolizam em termos do conteúdo das pregações, do aprendizado e das experiências catárticas/espirituais vivenciadas. Esses objetos, além de consagrados, trazem em si parte da prometida cura de Deus.

Penso ser o mesmo para os trajes do *DTWear*, cujos modelos não eram nada improváveis de serem encontrados em quaisquer lojas de departamento, mas que possuíam estampas exclusivas com versículos bíblicos e imagens que os tornavam objetos de veneração por boa parte das fiéis. Confesso que, por muito tempo, nutri a ideia de comprar uma das camisas temáticas produzidas por Valadão como mais uma forma de lembrar das tantas experiências que tive durante os estudos. Mas as roupas tinham um preço um pouco acima do que eu costumava investir em uma peça; 120-140 reais era um luxo que eu geralmente não me dava, ainda que gozasse de condições favoráveis. E hoje posso dizer que me arrependi da economia.

6.   Sexo – não faça sem se casar e não recuse a fazer se tiver marido

– Gente, não liguem a TV na Rede Globo. Porque é a mesma coisa que derramar um copo de sangue na sala.

– É que cada canal fala do que vive. A Rede Super fala de Jesus. A Rede Globo e o SBT falam do que vivem.

– Falam de adolescentes engravidando, de meninas que saem da igreja e que vão para o motel. E sabe por que não se pode ir ao motel, gente? Motel é um lugar contaminado. Sabe como? Você, que é noiva, se casaria em um centro de macumba? Então, vocês já entenderam.

– É que tudo começa na mente, meninas. E homem é igual micro-ondas. Mulher é fogão de lenha. As casadas podem esquentar a lenha antes de o marido chegar em casa. E não é isso que as novelas ensinam.

– Sabem por que sexo só depois do casamento, gente? Porque Deus criou o princípio do sexo – deixar pai e mãe para casar e se tornar uma só carne.

– Sexo é aliança, é pacto de sangue. Uma aliança exclusiva com Deus e com um único parceiro.

– Vocês sabem o que acontece quando uma pessoa tem vários parceiros? Ela tem um pedaço da alma de cada parceiro com quem se envolveu. A alma dela fica retalhada. Se houver a separação desse relacionamento, que pode ter sido de uma noite, um pedação dele está nela, e um pedaço dela está nele. Os demônios que agem na vida daquele rapaz passam a perturbar a sua vida se você se ligar a ele assim. Agora não pense que o ato sexual é só a penetração. Porque existe uma ligação de alma quando há o quê? As carícias.

— Se a pessoa vem para Jesus, para poder desfrutar das bênçãos do matrimônio, terá que fazer o resgate da alma, para se livrar dos parceiros com quem se relacionou.

— Deus criou o sexo para a procriação, mas também para o prazer. O sexo é uma bênção, é um presente de Deus dentro da moldura do casamento.

— Mas, como diz o pastor Márcio [Valadão], uma moça pode ter se deitado com toda a torcida do Atlético, mas quando ela vem para Jesus é tão pura quanto a virgem Maria.

— Meninas, sabe o que pode ser feito para esquentar o casamento? Orar. E ter diálogo. Fingir orgasmo nem pensar, viu, gente?

— Agora vocês, solteiras, precisam atrair o olhar do homem espiritual. Tem mulheres que se vestem de modo muito provocante. Se não é o seu caso, e o homem não consegue resistir, senta a mão na cara dele, ué. Porque é a mulher quem determina a pureza.

O diálogo que reproduzi é um resumo da fala de cinco mulheres que conversavam, sem quaisquer constrangimentos, na frente de mais de cinco mil outras, sem contar as(os) telespectadoras(es). Sentadas em roda, era um bate-papo de amigas que atraía a atenção das ouvintes. Não fossem por risadinhas abafadas de algumas, um pouco envergonhadas por ouvirem sobre sexo de forma tão aberta, pareceria não haver ninguém no recinto, porque o silêncio era sepulcral. Todas queriam prestar atenção. Não observei sequer um desvio de olhar das mulheres que me cercavam aquele dia.

Faça sexo para encorajá-lo

Em um dos cultos no qual Valadão pregava sobre o respeito que a mulher deve ter com o marido, ela argumentou que em certas fases da vida seria preciso que a mulher sustentasse o homem. Mas ela não falava de recursos financeiros. Valadão queria dizer que a melhor maneira de encorajar o marido é por meio da intimidade sexual. Em tom descontraído, cantava o popular sertanejo: "E se de dia a gente briga, à noite a gente se ama, é que nossas diferenças se acabam no quarto, em cima da cama."

Ela exemplificava com uma experiência pessoal:

> Às vezes, como mulher submissa, eu tinha dificuldade de aceitar uma opinião do meu marido, um desejo dele de ir ali, fazer uma coisa assim assado. Aí, na hora de brincar, de noite, eu não queria, porque eu estava ressentida com ele. Aí o Senhor começou a me ensinar a me submeter sexualmente ao meu marido e era só começar a brincar, gente, que eu esquecia tudo. Porque o sexo cura. A união sexual é um mistério, porque nós nos tornamos um. E o marido santifica a sua esposa na união sexual. É um mistério, é algo espiritual. A Bíblia diz que o leito sem mácula é

digno de honra. A união de um casal é algo sagrado, não há vergonha, não há timidez.

Valadão narrava que antes de se casar leu o livro *Como encorajar o homem de sua vida* (tradução livre). Nele, além da orientação sobre proferir palavras de afirmação, havia um capítulo sobre como fortalecer o homem por meio da atividade sexual. Tanto ela quanto as outras líderes concordavam que Deus criou um sexo saudável para que os casais desfrutassem, embora em geral as igrejas falassem pouco sobre isso.

O sexo teria o poder de acalmar os ânimos, acabar com as desavenças e trazer a paz. Quando se tem uma relação sexual, aquilo que pode vir a separar o casal entra espiritualmente em acordo. O sexo é capaz de sanar as diferenças. Valadão dizia: "Você está livre para amar, para gozar, para estar inteiramente com seu esposo."

As líderes ensinavam que o orgasmo não deveria ser visto como um tabu, pois a mulher precisa ter fantasias na mente, sentir desejos, para depois conseguir alcançar a plena excitação. Elas enfatizavam que a libido não cai do céu. Seria preciso instruir o cônjuge a fazer o que a esposa gosta. Elas orientavam que a mulher guiasse as mãos do marido para suas zonas erógenas. Eu achava esse discurso curioso em função da rejeição que há quanto à masturbação. Valadão contou certa vez que, com mais ou menos 12 anos, ela estava se tocando e o Senhor a lembrou que ela era consagrada, separada. Ela renunciou à prática. Daí eu me pergunto como aquelas mulheres aprendem, então. Possivelmente apenas dentro do matrimônio.

Para certas situações, como o ressecamento vaginal em função da menopausa, era indicado que as fiéis procurassem uma ajuda especializada. Outra recomendação seria no caso daquelas que se casam com um homem que repete os padrões de desonra e desrespeito porventura vistos no pai, nos tios e demais homens ao redor. Para uma das líderes, isso acontece justamente porque as mulheres tendem a se apaixonar por homens que apresentam traços semelhantes ao do pai. E isso faz com que elas lidem com a mesma dor novamente. Recomenda-se a liberação de perdão para os malfeitores, para que se possa desfrutar das benesses do casamento.

Essa orientação era ilustrada com o caso de uma moça que havia sido abusada pelo pai dos nove aos 13 anos de idade. Posteriormente ela se casou, mas, passado um período, deu início a relacionamentos virtuais. Tão logo o marido descobriu, eles se separaram. No consultório clínico, ela confessara que toda vez que seduzia um homem, conquistava-o para desdenhá-lo depois, de modo que sentisse que estava se vingando de seu progenitor.

Certa vez, Valadão contou que não quis ter relação sexual com o marido. Mas em seguida se lembrou do versículo que diz para guardar a Palavra a fim de não pecar contra Deus (Salmo 119:11). Então procurou animar Gustavo Bessa. Afinal, para ela, a mulher, quando está cansada, não pensa em sexo, enquanto este é o escape do homem. Ela terminava o assunto dando a seguinte orientação: "Se você quer ver o seu marido feliz, entregue-se a ele na intimidade sexual." Apartar-se da prática por mero interesse era considerado um pecado.

Em outra ocasião, o mesmo tema e a pergunta sobre como a mulher sábia poderia rejeitar o sexo sem ofender o marido. Reproduzo o diálogo entre as líderes:

— Tem que haver cumplicidade, e o homem tem que ver isso. Ele também precisa fazer carinho na mulher, colocar um bilhetinho, enfim, estimulá-la para que à noite ela esteja pronta.

— Quando o homem faz um trabalho bem-feito, a mulher vai querer sempre mais, né, gente?

— Os homens precisam criar o hábito de demonstrar o amor. Pois, se não houver carinho, cortesia, não vai ter jeito de ter intimidade, ué.

— E se a mulher é casada com um homem grosseiro?

— Ah, gente, vamos falar. A mulher tem que dizer ao marido como gosta de ser tocada. Pode mandar uma mensagem no celular, que excita. O Senhor é quem nos dará sabedoria para falar ou calar quando for preciso. Às vezes o homem se fecha. O pior comportamento que pode haver é a indiferença, e os homens têm uma enorme facilidade em fazer isso. Só que a gente tem que lembrar que na vida a maior necessidade que a gente tem é de Deus. E a mulher tem que falar é para Deus, não para o marido.

— Apesar de todas as dicas que estamos dando aqui, é preciso que o homem e a mulher clamem ao Senhor para que haja mudança no coração. O segredo são os casais que oram juntos. Estes são felizes, porque a oração quebranta o coração. Aí você esquece das coisas, você perdoa.

Regule-se, pois você já nem precisa da figura masculina

O que os ensinamentos mostram é que no casamento há uma obrigatoriedade da mulher em satisfazer o desejo do marido. Esse tipo de comportamento de sujeição ao masculino aparece fora do meio religioso também. E é mais comum do que se imagina. É claro que há mulheres cuja libido é acentuada. Mas não estou falando delas. Refiro-me àquelas que fazem sexo com seus parceiros com mais frequência do que gostariam. E às que têm relações mesmo quando estão com dor de cabeça ou cansadas. E ainda, às que imediatamente após o fim do resguardo já são penetradas sem sentir desejo ou possuir lubrificação suficiente. Falo dessas e de inúmeras outras circunstâncias nas quais as mulheres dizem que "entendem a necessidade do homem".

O que elas não parecem compreender, todavia, é que esses são os pequenos estupros cotidianos. Violações físicas e morais derivadas da introjeção inquestionada de uma ideia machista – a de que as necessidades das mulheres são menores ou menos importantes que as dos homens. E o pior disso tudo é que muitas mulheres ainda são gratas por terem um parceiro, e preferem se submeter a isso do que à solidão. O ditado "antes só que mal acompanhado" não vale para elas.

Ah, e as evangélicas? Ainda justificam isso como algo bíblico, portanto, legitimado pelo próprio Deus.

Por outro lado, prega-se que as casadas não precisam atender a certas exigências como frequentar motel e fazer sexo anal, que é visto como impuro. Quanto ao sexo oral, não observei uma menção direta, mas parece haver concordância de ser uma prática em torno da qual deve haver alguma reserva. De todo modo, já escutei Valadão pregar uma vez que, com o esposo e entre quatro paredes, ninguém pode ser julgado.

A despeito do que penso e de como vivo em termos de sexualidade, o conjunto desses discursos evidencia uma extrema vigilância. Mulheres e homens que, sob a alcunha da religião, patrulham o que as pessoas fazem ou não com as suas genitálias. Um comportamento que pode ser considerado pertencente à esfera particular de alguém, para as minhas pesquisadas, é alvo de ensinamentos (condicionamentos), debates e intervenções. Por isso, não consigo olhar para esse conjunto de orientações a não ser interpretando-o como uma pesada fiscalização sobre os corpos e suas expressões de afeto e intimidade.

Embora no Brasil se fale muito sobre sexo – veem-se bandeiras erguidas a ele a todo o tempo nas mídias, *outdoors*, revistas etc. –, esse apelo permeia os grupos sociais de maneira bastante diferente. Ainda que na cultura nacional se aprecie o carnaval, a exposição da nudez feminina, a sedução e o acentuado contato entre os corpos,[41] nem por isso todos as pessoas absorvem esses valores sem reservas. Ao contrário, a intensa devoção religiosa de alguns grupos se choca frontalmente com os ideários de devoção ao corpo e liberdade sexual. Com poucas exceções, católicos praticantes e evangélicos não progressistas se irmanam na posição contrária ao aborto, à eutanásia, à união de casais homoafetivos, à infidelidade marital e a certas expressões de vaidade tidas como muito sensuais.

Entre os evangélicos, continua-se a esperar certo recato e pudor quanto à sexualidade e a rejeitar qualquer prática homoafetiva. Determinadas fronteiras permanecem inegociáveis. Se, de um lado, há mais diálogo e legitima-se o prazer feminino, o que é um ganho para a mulher, de outro, não se abandona a ligação entre algumas experiências sexuais e a culpa.

A religião se mostra assim como um instrumento pedagógico de bastante importância não apenas para o controle e a regulação dos corpos das pessoas, mas para a reforma e moralização destes. Há, por meio dos ensinamentos, a criação de um tipo específico de sexualidade ideal (ao menos para as evangélicas que pesquisei) – aquela que acontece entre homem e mulher, dentro de uma união matrimonial, com sexo vaginal (quem sabe até oral?) que leve ao orgasmo, podendo permitir que a mulher conheça um pouco melhor seus pontos de prazer e o que lhe incita o desejo, mas anulando todas as formas de experimentação de afetividades e sexualidades que ultrapassem esses limites.

Um olhar feminista poderia supor que o fato de as orientações serem proferidas por mulheres nos púlpitos das igrejas garantiria uma maior liberdade para elas. Mas os ensinamentos de Ana Valadão não são menos conservadores em função de ela ser mulher e ocupar um cargo de liderança. Há aqueles que dirão que essa postura representa a continuidade da posição subalterna das mulheres. Mas há um raciocínio que julgo ainda melhor.

Quando estava no processo de revisão de um dos artigos que escrevi,[42] fui apresentada pelos pareceristas do periódico no qual o texto foi publicado ao trabalho de uma autora cuja teoria se encaixava como uma luva para explicar os dados que eu trazia. Foi assim que tomei conhecimento da britânica Angela McRobbie, professora de comunicação e dedicada sobretudo aos estudos de mídia, cultura popular e feminismo. Ela aborda muitos aspectos das teorias e dos movimentos feministas, mas, do seu pensamento, há um notável ponto em particular.[43]

McRobbie argumenta que, nos dias de hoje, vigora um forte sentimento antifeminista. Trata-se de um processo no qual os ganhos dos movimentos feministas das décadas de 1970-1980 estão sendo corroídos. Não significa dizer que não resta quase nada deles, mas se antes suas reivindicações eram consideradas ou até adotadas por várias organizações e entidades públicas, foi essa própria implementação que abriu espaço para certo desencorajamento quanto à extensão e à regeneração do feminismo. O pós-feminismo traz a ideia de que a igualdade buscada pelas mulheres foi finalmente alcançada e, portanto, a luta por ela não é mais necessária.

Por meio da análise de alguns anúncios de TV e *outdoors*, a autora evidencia mulheres a exibirem seus corpos em propagandas de carros e sutiãs. Mas mostra que por se tratarem de modelos superbem remuneradas e famosas, estariam passando a ideia de que são livres para fazerem as próprias escolhas em vez de estarem objetificadas e sujeitadas à contemplação masculina.

Analisando o livro e o filme *O diário de Bridget Jones*, McRobbie mostra que o desmantelamento do feminismo ficaria evidente pelo jeito "infeccioso da meninice da personagem", traduzido na busca por romance, marido e maternidade, e nos erros adolescentes observados em sua conduta profissional. Jones é a mulher que busca o homem correto, afinal, ela conseguiu sustentar a própria vida, não se abalar com as críticas humilhantes que sofrera e permaneceu sendo engraçada, pouco irônica e sem sentir raiva dos homens. Fez tudo isso sem negociar sua feminilidade, desejo por amor e maternidade, além de manter seu apelo vulnerável.

Esse é um exemplo de como valores neoconservadores em relação a gênero, sexualidade e família coexistem com um processo de liberalização da escolha e diversidade das relações domésticas, sexuais e afetivas.

Frente a essa nova realidade, o senso comum feminino passou a se caracterizar pela busca da "boa vida", do "ter tudo", isto é, da conquista de sucesso profissional, doméstico/familiar e sexual. Essa ideia de perfeição repousaria na restauração de uma feminilidade tradicional, ou seja, implicaria que "a competição feminina fosse inscrita dentro de horizontes específicos de valor relativos a maridos, parceiros de trabalho e namorados, família, lar e maternidade". Nada diferente do que descrevi sobre as evangélicas.

Posso dizer, portanto, que os ensinamentos de Valadão refletem uma perspectiva que se generalizou na sociedade atual – a de que todos esses investimentos feitos pelas mulheres são uma escolha pessoal. Mas, será? McRobbie argumenta que a regulação do corpo feminino se dá por meio de um mecanismo que faz parecer que vem da própria mulher o desejo, a escolha e o cultivo de certos atributos, o que funciona para deixar o regime patriarcal existente relativamente intocado, sem que se precise acionar a figura masculina.

E na minha leitura é isso que acontece em relação à sexualidade. Foi-se o tempo que a restrição a desfrutá-la era algo que partia exclusivamente da imposição de uma liderança masculina. Ouso dizer que pastores, diáconos, presbíteros e assim por diante são figuras que já nem aparecem nesse quesito. Pois as mulheres têm suas próprias líderes que se ocupam de tolhê-las. E as fiéis se familiarizam tão rápido e de maneira tão eficiente com os preceitos ensinados na forma de verdades absolutas que parecem completamente convencidas a exercer sua sexualidade apenas dentro do casamento. Elas sequer consideram que estão diante de uma mutilação bastante poderosa de seus direitos e liberdades.

7.   O peso da educação dos filhos

Durante a pesquisa, praticamente não ouvi nada sobre planejamento familiar ou uso de métodos contraceptivos. Não registrei ninguém falar sobre preservativos ou esterilização masculina, de maneira que mesmo sem a intenção o incentivo sobre a restrição da natalidade via intervenções artificiais recaía apenas sobre a mulher. Quando estive com Valadão para entrevistá-la, resolvi perguntar sobre o assunto para saber quais orientações seriam dadas. E ela me disse o seguinte:

> Eu sou a favor do uso dos métodos contraceptivos. É como se você me perguntar hoje se sou a favor das vacinas, do uso de remédios para tratar doenças. Acredito que com a modernidade, isso são bênçãos que nós temos que usufruir, não é? São bênçãos que temos que usufruir. Mas a pessoa que se converte a Cristo, ela começa a ter um relacionamento com Ele, no nível de submissão à vontade dele, e estará sempre se perguntando: "Senhor, o que queres de mim?" E o Senhor vai guiando e dirigindo as escolhas, as decisões, inclusive as decisões em relação à maternidade.

Congresso Mulheres Diante do Trono. Uma mulher que havia pertencido ao grupo de bailarinas da Lagoinha é chamada à frente. Junto a suas irmãs, dá seu testemunho:

> É incrível como a vida da gente muda quando a gente deixa Deus agir. Quando eu estava aqui no ano passado, era difícil ouvir falando de filhos, ouvir falando de família, porque eu tinha acabado de perder aquilo tudo. Mas eu entreguei para Deus. Enquanto dançava aqui, entreguei o meu sonho para Deus. E confesso que não imaginava que um ano depois eu estaria aqui e já com minha bênção [isto é, a filha]. Então, quero dizer para você que muitas mulheres perdem. E, né, acontece. Não devia acontecer. Muita gente fala assim: "É normal." Não, não é normal, gente. Normal é uma gravidez começar, evoluir e terminar com o bebê no colo. Isso é que é normal. Mas Deus cura a gente. E Ele restitui. E eu creio que Ele vai restituir a vida de qualquer mulher que tá aqui e tá sofrendo com isso, gente. Porque a alegria chega.

A maternidade compulsória

Após essa fala comovente, Ana Paula Valadão, com um papel em mãos, começa a ler um relato enviado por uma das congressistas: "Meu nome é Fernanda Maria, tenho 28 anos, cirurgiã dentista, de Santa

Catarina. Sou cristã desde 2008. Em 2011, casei com um homem que Deus escolheu para ser meu."

Valadão comentava que ainda no final daquele ano, a moça fora diagnosticada com hipertireoidismo e começou uma série de tratamentos que "a deformaram, que a deixaram muito debilitada, até que ela foi diagnosticada com hipotireoidismo, outra doença muito séria". Em tom dramático, a pastora comentava que uma das primeiras coisas que o médico dissera era sobre a impossibilidade de ter filhos e que, diante de tal diagnóstico, a moça passou a dar todo tipo de desculpas para não engravidar e para se conformar que ela podia ser feliz sem ser mãe.

Ana Paula lia a carta:

> Incentivada pela minha sogra, que já foi a muitos congressos, convidei minha mãe e tia, e fomos ao Congresso Mulheres Diante do Trono na Lagoinha. Estava indo com a minha mãe e estava muito animada com a possibilidade de cura para nós duas, porque ela também estava enferma. Estava muito feliz com tudo o que Deus estava fazendo quando, em uma manhã, a pastora Ana e a Devi Titus estavam falando sobre as mulheres modernas e suas desculpas para não ter filhos. Todas as desculpas que elas davam, eu também falava. E esta palavra abriu minha mente. Ali mesmo decidi que iria ter um filho. Cheguei em casa, fiz o que elas me falaram, falei com meu marido e o tratei muuuuuito bem. Depois de

todos os mimos, me assentei com ele e contei tudo o que houve comigo no congresso. Eu era uma nova mulher. Curada, transformada, sarada, amada, capaz, linda aos olhos do Pai. Iniciamos as orações, e eu declarava que ficaria grávida, que meu ventre seria fértil, todos os dias eu declarava. Fiz jejuns, tive crises de medo, de ansiedade. O inimigo tentou muito a minha mente. No segundo ciclo de tentativas, sim, no segundo ciclo, a estéril se tornou alegre mãe. Em uma das ministrações, a pastora Ana Paula falou, rindo à toa: "Mulher, você não poderá vir no ano que vem, sabe por quê? Porque estará segurando o seu filho nos braços e nos assistirá na Rede Super." Só de lembrar essas palavras eu choro compulsivamente. Estou grávida. E sabe quando o meu filho irá nascer? Sim, na semana do congresso.

Quando essa história aconteceu, eu ainda não era mãe. Mas já tinha clareza da grande valorização da maternidade naquele contexto. A começar por trechos como um que transcrevi no segundo capítulo, sobre o papel da mulher, no qual há uma afirmação taxativa: "Não negue o dom que o Senhor te deu. Ele te fez mulher e vai te capacitar para ser mãe."

A maternidade é tida como um processo espontâneo e que acompanha o casamento. Não ter filhos é visto como uma escolha que foge à vontade de Deus, salvo haja algum impeditivo físico que, ao se orar por cura, não seja mudado. Mas este seria um caminho muito específico que Deus destina a apenas algumas mulheres, embora isso não as isente de terem seus "filhos espirituais", ou seja, de maternarem pessoas de dentro da igreja, auxiliando-as na caminhada cristã.

A essa disposição materna, que eu não acredito ser natural e intrínseca a toda mulher, mas sim tratar-se de um aprendizado, uma introjeção fácil para algumas e extremamente dolorosa para outras, eu chamo de obrigação.

Valadão, em entrevista a mim concedida, quando questionada sobre a maternidade, disse:

> Eu acredito que Deus está olhando para nossa motivação. Qual é a motivação do nosso coração? Se é uma motivação egoísta, certamente Deus não está nisso. Tipo, ah, eu não posso ter filhos porque eu não quero me sacrificar por causa de uma outra pessoa. Então, Deus nos ensina a nos doar, a amar sacrificialmente, então a maternidade realmente é essa autodoação. Nós temos que estar prontos para assumir isso, e a motivação deve ser sempre pesada, né? O que está me motivando a tomar essa decisão? Agora, se a motivação for algo que agrada a Deus, então quem é que vai poder julgar ou criticar uma pessoa que não vai ter filhos? Isso é realmente algo entre ela e Deus. Mas eu vejo que à medida que a mulher vai reconhecendo o valor que Deus dá à figura feminina, à maternidade, essa é uma decisão quase que automática.

Como se vê, a socialização religiosa é tão forte que, para a liderança e para a maior parte das fiéis presentes nos cultos, essa obrigação está naturalizada. Ou seja, não é questionada, não incomoda. Darei mais um exemplo.

Devi Titus, em uma de suas pregações, contou o caso de um casal de evangélicos que a recebeu para um evento. Ela os elogiou como muito hospitaleiros, amorosos, inteligentes e servos de Deus. Com o passar dos dias e aumento da convivência, ela os questionou se já tinham filhos. O rapaz manifestara a vontade, mas a moça dizia ainda não se sentir preparada; o casal tinha cinco anos de união. Chamando Titus à parte, a moça lhe perguntou se era errado não se abrir à maternidade por um tempo, pois ela tinha muitas oportunidades profissionais promissoras. Titus lhe disse que Deus havia estabelecido um limite biológico para se ter filhos. Enfatizou que a mentalidade de quem coloca a carreira na frente da maternidade é a mesma de quem enxerga os filhos como intrusos na vida dos progenitores.

Titus interpretava isso como uma lenta mudança de valores decorrente da influência da cultura secular. Ela dizia:

> É como se estivéssemos em um restaurante giratório e quando sentássemos à mesa, fosse possível ver as montanhas. E você está comendo e conversando. O movimento é muito lento, mas tão logo você termina o jantar e olha pela mesma janela, você já vê outra paisagem, a dos prédios da cidade. É isso o que a cultura faz conosco. Nós

somos pessoas cristãs, que acreditam na Bíblia, mas nós nos movemos tão devagarzinho dos valores da família que nem percebemos. Logo, o que acontece é que escolhemos ter filhos, mas limitamos o número deles. O próximo movimento lento é escolhermos abortar as crianças. Agora, nós temos a pílula do dia seguinte, para que não haja gravidez. É assim que nos afastamos. Filhos não são uma distração do nosso trabalho. Filhos são o nosso trabalho mais importante, porque eles são o nosso futuro".

Minha experiência, nesse sentido, me distancia bastante dessas mulheres. Durante muitos anos, me questionei a respeito de ter ou não filhos. Tinha medo que a gravidez alterasse meu corpo definitivamente – o que de fato ocorreu –, me apavorava com a ideia de qualquer tipo de parto, tinha muita angústia em pensar em amar mais uma pessoa de maneira tão profunda e criar outro laço de dependência.

Mas, ainda assim, muitas eram as imagens de maternidade que eu fui recebendo ao longo da vida, e era difícil não as romantizar. Mesmo na universidade, há coletivos, inclusive feministas, que prezam muito pela experiência. Diversos professores e pesquisadores, ao contrário do que eu esperava quando ingressei na graduação em Ciências Sociais, são familistas, conservadores quanto à monogamia e à criação de filhos. Então, a despeito de fazer um curso que, para algumas pessoas, pode estar ligado a uma postura menos tradicional, o casamento e a reprodução compuseram parte do meu imaginário de sucesso e felicidade.

Eu engravidei aos 34 anos, quando já tinha oito anos de casada. Em partes, por achar-me já próxima a uma idade cujas taxas de infertilidade, aborto e má-formação fetal passavam a ser mais expressivas. O outro componente da minha decisão preferi nunca verbalizar.

Não tinha medo de enfrentar uma velhice solitária e, ao contrário de muitas pessoas, eu guardava a convicção de que os filhos acabam com o casamento. Há quem decida recomeçar com a mesma pessoa a partir daí, mas isso é outra história. Um filho não é capaz de manter uma relação. Consegue piorar o que existe de ruim, embora também melhore o que há de bom.

Um filho é uma ruptura na biografia individual e nos planos autocentrados. Nasce uma vida que sugará energias, tempo e singularidade. É preciso mergulhar fundo em si mesmo para se (re)conhecer e, nessas incursões, muitas vezes, é possível descobrir desejos, interesses e uma identidade que já não comungam com a pessoa com quem se dividia a vida. Há casos em que o nascimento de um filho leva um dos cônjuges a uma relação extraconjugal. Mas não é incomum que o traidor ponha na balança o peso da família e as construções que fez com o parceiro ao longo dos anos. Para outros, no entanto, infelizmente, trinca-se o cristal.

Sobre a minha incursão na maternidade, posso dizer que tive uma experiência penosa. Um trabalho de parto latente de dois dias, seguido de uma fase ativa de 12 horas. Quando cheguei à maternidade, as coisas não evoluíam. A bolsa foi rompida, recebi oxitocina, depois anestesia, e empurrei minha filha com muita dor e uma laceração natural média. Ali, eu morri. Morreram medos, ingenuidades, sonhos e frustrações. Mas eu não nasci de novo de imediato. E o processo de cuidado de um recém-nascido requereria que eu estivesse um pouco mais estruturada.

Nem conto quantas doenças tive depois daquele parto. Um princípio de mastite, muita dor vaginal, uma infecção próxima aos pontos. Leite seco, urticária, muitas sinusites, amigdalites subsequentes e uma pitiríase rósea. Em minha filha, uma triagem para deficiência de biotinidase. Por sorte, um falso-positivo descoberto algumas semanas depois. Foram mais de nove meses que meu corpo parecia rejeitar aquela realidade em que eu passava a viver. Foi dilacerador.

Senti muita solidão. Não sabia como era ficar horas carregando um bebê com cólicas. Tive bastante dificuldade de pedir ajuda, até porque quase não tinha ajuda disponível. Ainda bem que tenho minha mãe e meu pai vivos e uma irmã que já tinha passado pela maternidade um pouco antes. Como tudo na vida, algumas mulheres têm experiências bem distintas das que narro. São tão felizes ao se tornar mães. Eu demorei muito tempo para ressignificar aquela escolha como algo bom.

Lembro que, assim que minha filha nasceu, ela foi posta em meus braços. Mas chorava berrando. Poucos segundos depois, fez um grande xixi. Tenho a memória marcada pelos seus olhos, que admiravam ao redor de forma fixa e penetrante, como se realmente ela já estivesse estado ali antes. Eu nunca tinha visto um bebê daquele jeito. Após a sutura dos pontos, minha pressão caiu muito. E eu a dei para o pai, com medo de que o desmaio me fizesse perder o controle de segurá-la. Ela dormiu quase 24 horas sem mamar. Então a levamos para casa.

Cinco dias depois, na primeira consulta pediátrica, ela se mostrava mais magra que o esperado. Chegou a dois quilos e meio. A sensação de retirá-la da balança se fundia com as lágrimas que desciam incontroláveis no meu rosto. Não havia ali uma mãe preocupada com a necessidade de inclusão de fórmula na dieta de seu primeiro bebê, tampouco uma frustração com uma amamentação até então malsucedida. Aquele era o marco do nosso encontro de almas. Se é natural em todas as relações de mãe e filhos? Não creio. Mas posso garantir que a sociedade, em sua mais requintada forma de hipocrisia, garante que sim, praticamente não fala sobre isso e culpa mulheres que não vivenciam tal experiência.

No primeiro ano da minha filha, fizemos uma grande festa. Era uma celebração do meu renascimento e do meu encontro com o papel de mãe. Naquele dia eu queria comemorar. Mas chorei muito, pelo menos até ela completar um ano e meio. Demorei a ser a mãe que me tornei. Chorava pedindo perdão. Porque, enquanto meu amor por ela surgiu quase que instantaneamente à sua chegada, minha dedicação demorou a ser ajustada. Foi muito difícil enfrentar tantas noites insones e estar complemente disponível sempre, não importasse o humor.

Hoje posso dizer que sou eternamente grata por ter resolvido ter um filho em um momento de insanidade. Eu não calculava nem a sombra do custo físico, emocional e financeiro disso. Porém, tive a sorte de conseguir desenvolver pela minha filha o maior amor que já senti e de renunciar a tantas coisas por ela, hoje, já sem nenhum pesar. Mas se eu acho que isso é para todo mundo? Definitivamente não. A maternidade pode ser uma longa e dolorosa escravidão.

Por isso, penso em como os discursos que ouvi ao longo de tantos anos na igreja evangélica e nos cultos e congressos de Valadão são de uma brutalidade à toda prova. Não se ouve sobre os obstáculos. Ninguém diz que você pode não se dar bem nessa tarefa. O arrependimento da maternidade é algo incogitável. Aliás, em um lugar cujo ensino é de que a mulher deve, em última instância, se calar e se submeter, sendo a expressão máxima permitida a dos choros e das orações, é de se supor que a rejeição à maternidade seja mais um direito do qual se é tolhido.

A força social da família

Devi Titus, naquela pregação que mencionei algumas páginas atrás, chegou a fazer uma afirmação drástica, sobre a qual concordavam Valadão e as ouvintes que estavam no recinto:

> O que acontece quando desvalorizamos a família? Quando desvalorizamos filhos? Não estou falando apenas para aquelas que têm filhos. Estou falando sobre o seu valor como uma mulher cidadã e como pessoa. Mesmo se você não é casada, precisa valorizar as crianças e respeitar os homens. As crianças são uma bênção de Deus. E quando uma nação escolhe não as ter, suas gerações futuras não poderão prosperar, porque

> você perde a sua força de trabalho. E quando você perde sua força de trabalho, do seu próprio povo, da sua própria cultura, você se torna dependente da imigração. E quando os imigrantes tomam o lugar da sua família, eles destroem a sua cultura e trazem os deuses deles. Mas vocês estão tendo um reavivamento nesta nação. Vocês são entre 25 e 30% de evangélicos neste país. E como vocês vão se proteger? Como vão crescer o mover de Deus? Restaurando e elevando a família, para transmitir a cultura de Deus de geração a geração.

Como se pode ver na fala da preletora, a defesa de uma família tradicional – pai, mãe e filhos – aparece associada a uma postura xenofóbica. No Brasil, há pesquisas[44] mostrando que há receptividade e hospitalidade para com os estrangeiros europeus e norte-americanos (Titus seria um bom exemplo), ao passo que se preserva uma resistência aos imigrantes e refugiados, como bolivianos, haitianos, angolanos e senegaleses. Esses grupos muitas vezes se inserem em ocupações profissionais de baixa remuneração, além de sofrerem ataques racistas e serem estigmatizados como frágeis ou transmissores de doenças perigosas, como o ebola.

Portanto, é preciso deixar claro que a defesa da religião e da unidade social por ela propagada – a família – tem, como uma das consequências, a formação de uma mentalidade preconceituosa que pode acabar por justificar violências simbólicas importantes (e físicas, por que não?) contra grupos minoritários.

A influência dos pais (das mães) sobre os filhos

As mulheres que pesquisei acreditam que o principal pilar na educação dos filhos é a transmissão da fé por meio de exemplos e educação – esta entendida como a repetição das verdades sagradas. Elas dizem: "Se surgir uma situação em que você possa colocar um princípio, aproveite para ensinar." E mostram, como exemplo, como blindar os filhos do bombardeio da homossexualidade: "A gente tá fazendo um passeio em um zoológico e está lá uma família de animais. Aí eu falo: 'Olha gente, o macho, a fêmea. Para ter filhinho, para ser família, precisa de um macho e uma fêmea'. Aí você aproveita qualquer situação para inculcar os princípios." As mães devem ainda incentivar o relacionamento dos filhos com Deus e os ministérios religiosos deles.

Apesar dessa fala preconceituosa, observei entre elas orientações muito bonitas, afetivas e com um grau de detalhamento bastante didático sobre a criação de filhos, tais como: o zelo em deixar a criança terminar tarefas que são importantes para ela, como ver um desenho; avisar com carinho e antecedência sobre a hora de trocar o uniforme da escola, de modo a não querer que os filhos obedeçam como se fossem robôs; cantar para eles sobre esperar, obedecer, respeitar, não brigar.

Também assisti a um ato profético no qual as mães abençoavam as emoções dos filhos e pediam perdão pela impaciência e ausência; pela falta de dedicação, incentivos e palavras positivas; por terem atitudes negativas e gerarem medos e inseguranças. Surpreendi-me com a sabedoria daquelas líderes ao instruírem outras mulheres. Várias das coisas que ouvi posso dizer que nunca presenciei em igrejas anteriores, nem aprendi em minha casa. Imagino que, pelos burburinhos que geravam, atrelados a momentos de absoluto silêncio, muitas das ouvintes também escutavam aquilo pela primeira vez.

Reassistindo os cultos e congressos, pensei tanto nos erros e acertos que cometo na criação da minha filha, e me senti privilegiada por me deparar com tais sermões. Hoje aplico algumas das dicas, principalmente a de fazer afirmações positivas e pedir perdão pelas falhas de conduta. Antes de dormirmos, gasto tempo com ela proferindo as frases mais bonitas que posso, e ressaltando sua importância, o amor que sinto, como ela foi desejada e como eu quero que ela seja feliz em todos os caminhos que trilhar. Ensino-a a respirar profundamente, várias vezes, e agradecer por seu fôlego, pelo corpinho e pela vida que a inunda. Rapidamente ela pega no sono e começa uma noite tranquila.

Mas tenho uma forte discordância quanto aos ensinos de Valadão e das demais líderes sobre a criação dos filhos. Corrigir é considerado por elas como uma postura de autoridade e expressão de verdadeiro amor. Usando versículos, elas defendem que as mães devem conversar, orar, repetir as ordenanças, aplicar consequências para os erros e colocar a criança em uma cadeira para pensar. Não surtindo efeito, devem optar pela punição física. A surra seria uma medida extrema, pois elas consideram que não se pode abusar dos tapas, chinelos ou varas, nem os utilizar com raiva. Disciplinar de forma intempestiva seria uma espécie de vingança que gera traumas e dores. Bater teria, então, um sentido simbólico, mas ainda assim figura como parte do repertório aceito. Elas não acreditam que isso seja uma forma de violência.

Não considero legítimo despir alguém para aplicar uma chinelada em seu bumbum, ainda que seja apenas uma, como sugeriram as líderes. Nunca levantei a mão para castigar minha filha, mas não se trata apenas de uma convicção politicamente correta segundo os parâmetros atuais da disciplina positiva.[45]

Até agora não contei que, recentemente, voltei a fazer meditações. Na verdade, ao longo da vida, aprendi sobre alguns exercícios, inclusive de relaxamento, que são muito diferentes entre si: *lectio divina*, *yoga*, visualização, *Ho'oponopono*, *mindfulness*, imaginação. Li e conservo certos ensinamentos budistas também, embora esta seja a corrente com a qual eu guarde menos afinidade. Minha grande sopa de técnicas são instrumentos que permito usar com amadorismo e total liberdade para percorrer uma grande e satisfatória jornada em busca de ficar comigo mesma, de ter paz interior. Se é modismo? Pouco me importa. Não há caminho errado ou certo, pois, para dentro de si, só há uma pessoa que tem a competência e a autoridade para nos conduzir – a gente mesmo.

Em um dos dias em que fazia essa contemplação/meditação, tive uma "visão" com a minha filha. Lembrei-me de quando eu a beijava na barriga no trocador e ela ria sem parar. Também a vi no primeiro dia da aula de natação, no momento em que ela admirava concentrada a piscina, que certamente para ela é imensa, mas cuja profundidade real estava dentro dos seus olhos. Lembrei também da sensação de tê-la encostada em meu tronco quando assistimos desenhos no celular antes de dormir. Ela adora fazer isso.

Chorei bastante. Chorei porque, depois de vê-la em cada uma das cenas, eu via a mim, como se estivesse dentro dela. Foi aí que entendi que todas as vezes que eu expressava meus cuidados e afetos, construía naquele pequeno serzinho uma rocha que também era construída em mim. Era como se o meu amor por ela tivesse a capacidade de voltar no tempo e curar aquela menina que eu fui. Tive a compreensão de que, dia a dia, minhas feridas iam se sarando e uma fortaleza se erguia, e que eu jamais poderia destruir essa imagem com memórias de contatos físicos desautorizados.

Clara Tannure

Um nome sempre presente nos eventos de mulheres era o de Helena Tannure. Pastora eloquente, ela é mãe de Arthur, Miguel, Sophia e Clara. Desde nova, Clara cantou em álbuns do Crianças Diante do Trono (linha de CDs e DVDs infantis de Valadão). Cresceu cercada por referências e amigos feitos em contexto religioso. Mas em junho de 2019, Clara lançou sua carreira solo como cantora secular. E chocou o público evangélico com a música que dizia: "Chora, *boy* | Que agora eu tô bem demais | Que agora não adianta mais | Não adianta vir atrás | Chora, *boy* | Que pena, cê não mereceu | Achou errado e se fudeu | E o problema é todo seu."

O clipe alcançou mais de 370 mil visualizações no *YouTube*,[46] mas com muitos *deslikes*, como ela mesma reconhece. Possivelmente fruto de religiosos especuladores que não se contêm em ambiente digital. Na canção, Clara aparece cercada por afeminados, gays e travestis e, entre as imagens, há o beijo caloroso de dois homens.

Em entrevista à jornalista Thais Pimentel,[47] Clara contou sobre as restrições que sofrera por ter sido criada na igreja, como a de não poder ouvir nem cantar músicas ou assistir a programas que não fossem religiosos. Elogiou a mãe por ser uma pessoa muito correta e pregar aquilo em que acredita, mas afirmou que não poderia corresponder às expectativas do público evangélico: "Eu sou a Clara. Ela é a Helena. Ela tem o ministério dela e eu tenho meus desejos e vontades. E minha vontade é de fazer o bem também, mas de outra forma, [...] não necessariamente dentro da igreja."

Afirmando sua bissexualidade, Clara defendia: "Lidar com pessoas LGBT me fez entender que não é uma escolha, não é um problema que você tenha." Ela manifestava o desejo de não ferir a mãe, mas dizia que expunha exatamente quem ela era e queria ser.

Em agosto de 2019, no aniversário de Clara, Helena postou um texto comovente em seu perfil do *Instagram*:

> Ela tem uma personalidade forte. Às vezes até machuca e eu... também. Ela gosta de tudo o que é exótico, diferente, colorido e eu... nunca apreciei uniformidade. Ela canta, escreve, desenha, observa e se expressa Clara, claramente e eu... artisticamente me arrisco. Ela tem muitas tatuagens que fez por vontade própria e eu... carrego marcas na alma, que não escolhi, mas que são parte de quem me tornei. Ela trilha o caminho

que escolheu... e eu... trilho o caminho da oração que ela me fez encontrar. Algumas vezes ela chora quando eu a abraço forte e eu algumas vezes choro quando não posso abraçá-la. Somos mulheres tão diferentes e tão iguais... em alguns dias somos brisa e em outros tempestade. Eu a amo tanto... tanto... Há 25 anos, Deus me fez mãe e nela estão as primícias dessa dádiva. Sigo orando, Clarinha, para que você caminhe sob a claridade daquele que é a luz. Feliz aniversário. Te amo filha, pra sempre!

Poucas são as pessoas que, pensando nos rígidos parâmetros morais de Helena – mulher fruto de convicções que parecem bastante duras e incrustradas – não seriam empáticas a seu sofrimento. Como não sentir a dor de uma mãe cujos caminhos da filha distam completamente dos seus? Não faltará amor, certamente. Tampouco haverá compatibilidade entre as verdades que elas carregam. E isso dói uma dor doida. Meu coração de mãe sangra ao ver que a religião é capaz de impor uma distância tão definitiva e não percorrível entre duas subjetividades. E dentro de mim, nessas horas, eu tenho desprezo por essa fé. Porque Clara não vai mudar. Ela não vai mudar.

Meninas: entre fogões e aviões

Bate-papo entre as líderes Ana Paula Valadão, Helena Tannure, Ezenete Rodrigues, Devi Titus e Kelly Subirá. Elas falavam quanto à influência das gerações passadas sobre a presente, e qual deveria ser a herança espiritual a ser deixada por elas a seus filhos. Destacarei as partes que melhor sintetizam o longo diálogo:

— Depois da revolução feminista, as mulheres entraram num processo de rebelião contra a posição da mulher na sociedade e levaram isso para um extremo. Então, elas começaram a ensinar para as filhas: "Você tem que estudar, você tem que se preparar, você não pode depender de homem, você tem que ser independente. Porque se o seu casamento não der certo, você tem que saber se virar" — complementava uma delas, em tom inquietante e efusivo.

— Eu lembro uma vez, não sei se você vai se recordar disso, que a gente estava com uma amiga muito querida nossa, que hoje é super mãe, dona de casa, profissional; ela se equilibra, e é uma mulher que tá se saindo muito bem em seus papéis. Mas a gente estava ali sonhando brinquedos para o Crianças Diante do Trono. E nós duas, empolgadas, já casadas, empolgadíssimas, falávamos: "Vamos fazer o fogãozinho da Bia [uma das personagens]." Ah, meu Deus do céu. Ela virou bicho: "Como assim, fogãozinho para a Bia? Mulher é mais do que isso." A gente riu muito, porque, é claro, tinha um motivo daquilo. A geração dela foi ensinada a fugir do fogão. Mulher tem que dirigir avião e não fogão. E não tem nada de errado em dirigir fogão e avião. A gente é livre para escolher, uai, e a gente pode as duas coisas, por que não? — A plateia ovacionava.

— Mas não devemos rejeitar o fogão, né?

— Não, não rejeitar o fogão. Afinal de contas, o fogão pode ser muito prazeroso, sim, para quem está por trás dele. Por que não? Muitas mulheres se sentiram oprimidas por isso. Você não pode cozinhar, você não pode cuidar de casa, você não pode cuidar de filho, porque isso é para gente inferior – ela argumentava com ironia. – Não é, não, senhora. Porque inclusive elas foram resultado de uma mãe que pilotou bem o fogão.

– Nós influenciamos positiva ou negativamente. E a influência maior no lado negativo não é simplesmente passar os nossos maus hábitos, mas é quando abandonamos valores. Os nossos valores foram alinhados com os valores do mundo. E mulheres cristãs não estão conversando com seus filhos e passando aquilo que realmente é importante. E se você quiser fazer uma avaliação pessoal para saber quais os valores que você tem, olhe seu calendário e suas receitas, e veja como você gasta o seu tempo e o seu dinheiro. E ouça sobre os assuntos que você fala. Porque você pode falar uma coisa com seus filhos: "Deus é importante." Mas se você não passa tempo com o Senhor e sua família sabe disso, você está passando fracasso e negatividade para os seus filhos. Eles não amarão a Deus e não o colocarão em primeiro lugar, porque você fala uma coisa e faz outra diferente. E isso transfere uma rebelião a uma próxima geração. [...] O motivo pelo qual essa geração passa por dificuldades é porque nós abandonamos as nossas casas.

– Sobre a influência que as mães e os pais têm sobre os filhos, eu queria perguntar: é verdade que existem demônios que acompanham as famílias de geração em geração?

– Sim, com certeza. E é algo para o qual muitas pessoas não têm resposta. Uns vêm de uma família desestruturada, totalmente destruída, mas, às vezes, de uma família muito boa, até cristã. Mas existem as heranças que a gente vem herdando. Pois bem, eu aceitei Jesus, entreguei minha vida a Ele, mas eu nasci de onde? Qual foi o ventre em que fui formada? Por exemplo, uma família totalmente estressada, que não é um estresse comum, vem com um problema realmente do sistema nervoso geral. Aquilo vai se reproduzindo de geração em geração. Como foi a vida do meu pai e da minha mãe? O que eles herdaram dos avôs e dos bisavôs? É uma legalidade espiritual, um peso, pois o diabo, ele é legalista, por isso os demônios que seguem as gerações. A pessoa continua servindo a Deus, mas vivendo todo tipo de situação de opressão. Por que eu vivo essa vida, por que que a minha vida não prospera? Por que as coisas não acontecem? Porque você pediu perdão pelos seus pecados, mas não se lembrou de renunciar aos pecados dos seus pais, os pecados dos avós. Mas às vezes você não consegue entender isso. Mas, olha, hoje, se você vai ao médico porque está com uma dor de cabeça, um problema no útero, qualquer tipo de problema, qual é a primeira pergunta que o médico te faz?

– "Tem caso na família?"

– Ah, ele vai dizer: "Você herdou, é uma herança." Quando nós nascemos em um lar evangélico, os nossos pais nos apresentam ao Senhor. Mas 90% das pessoas não nascem em lar evangélico. E aí, é entregue para quem? Para um santo, que, na verdade, não é santo, porque santo é só Deus. Nós somos entregues a espíritos malignos. Eu fui apresentada no altar, mas o meu avô era curandeiro, ele fazia garrafada. A minha avó benzia. E isso me trouxe vários prejuízos que só depois fui entender e bloquear no mundo espiritual.

– E você tem que pensar também qual herança você está deixando. Porque é muito fácil pensar o que você recebeu e não o que você tá dando. Sabe por quê, gente? Porque hoje o povo vai pecar e fala assim: "É o meu corpo, é a minha vida." Vai divorciar e diz: "Eu tenho que ser feliz." A gente não pensa na herança que vai deixar.

Sinceramente, que discurso é esse? Enquanto socióloga da religião, aprendi que a menção a demônios e entidades diversas pode ter um efeito nocivo para os sujeitos na medida em que transfere para o mundo espiritual a responsabilidade em relação às circunstâncias experimentadas pelas pessoas. Alcoolismo, prostituição, dificuldades financeiras e vícios diversos foram temas citados no bate-papo acima como decorrentes da ação de demônios familiares.

Critico, como já falei no quarto capítulo, que a atribuição das "desgraças" da vida seja feita a uma ordem que não a natural ou a estrutural (impeditivos sociais que se impõem a nós, como posições de classe, raça, gênero, falta de oportunidades de trabalho e lazer etc.). E acrescento que, quando há responsabilização, ela é jogada sobre a mulher. Ensina-se que ela deve mapear as atitudes de seus antecedentes, pedir perdão pelos pecados deles e continuar uma – muitas vezes extensa – batalha contra tais males. Vide o caso da insubmissão de Valadão.

É claro que, enquanto mãe, compreendo e concordo que pesa sobre nós mulheres a carga da educação dos filhos em casa. Palavras usadas, alimento que é dado, preparo das roupas e mochilas da escola, limitação de desenhos na TV, oferta de brincadeiras, ensino de outro idioma, matrícula em atividade esportiva, planejamento de viagens, ambiente harmonioso, visitas aos coleguinhas e tantas outras tarefas a nós imputadas. Entendo e vivo isso diariamente.

Mas ainda que me dedique a tantas coisas assim, não as introjeto nem as naturalizo como se fossem únicos e exclusivos deveres meus. Desde que me tornei mãe, comprimi qualquer interesse ou tarefa pessoal ao período anterior ao da minha filha acordar e logo após ela dormir. Quando não estou complemente exausta e durmo com ela inclusive sem tomar banho nem jantar, me sobra ali um intervalinho no qual faço um balanço do dia e penso em como contribuo para a formação dessa pequena pessoa que está ao lado.

No entanto, quando ouço essas orientações em particular, me indago a respeito de quantas ajudantes as religiosas têm para dar conta do rojão. Porque eu não ando tendo tempo nem de ver meus pais e avós. Quem dirá investigar e pedir perdão por seus pecados. Ah, como pesam os muitos encargos da mulher!

8.   O temido divórcio

A família é a base da sociedade. Não é a igreja, por mais importante que ela seja. Não são os governos, não são as escolas. O projeto inicial de Deus começou ali no Éden com a criação de uma família. E a família tem sido o alvo de Satanás. Porque destruindo a família, ele destrói uma sociedade, um povo, uma nação. [...] Vocês se lembram antigamente que o divórcio era algo que era rejeitado pela nossa sociedade? Era uma vergonha uma pessoa ser divorciada. Você ainda se lembra desse tempo? E por mais que a própria Bíblia coloque um lugar para o divórcio, ele foi se tornando banalizado ao longo das gerações. Antigamente, quando havia necessidade de um divórcio, as pessoas se desquitavam. Ficavam separadas por um ano. Para quê? Para esfriar a cabeça, para pensar bem, para procurar ajuda. Depois de um ano é que eles realmente podiam assinar o divórcio. Hoje, o diabo não deixa a pessoa nem esfriar a cabeça (Ana Paula Valadão).

Em um dos cultos de mulheres, escutei na pregação de Valadão que a maioria dos casamentos pode ser restaurada. Afinal, a mulher não precisa amar o marido para que isso aconteça; basta respeitá-lo. A frase era contundente: "Não caminhe pelos seus sentimentos, caminhe pela sua decisão." A mulher necessita ser amada; o homem carece de ser respeitado. "E como respeitar um marido sem qualidades?", ela perguntava. Ainda que ele seja muito falho, a mulher não deve falar nada, nem demonstrar que sua opinião é melhor; deve apenas elogiá-lo, pois não se pode retribuir o mal do marido com outro mal. Os maridos são líderes. Assim como Cristo é o cabeça da igreja, os homens são os cabeças das mulheres. Essa era a orientação.

Abigail

Em algumas ocasiões, havia diálogos claros sobre o divórcio, como o que reproduzo abaixo:

— Irmãs, existem poucos casos em que o divórcio é a saída. Mas há. A maioria tem uma solução que não é o divórcio. É a perseverança. Divórcios são exceções. A mulher deve lutar, guerrear, ter fé.

— Nós nunca aconselhamos o divórcio. Na grande maioria dos casos, a gente vê o resultado da perseverança.

— Gente, olha, e para as solteiras, como é que se evita um casamento difícil? Muitas mulheres estudam demais, e isso gera uma diferença cultural grande. Está faltando um pouco de inteligência para não se envolver.

— Gente, tem muita crente que casa com católico. E depois as pessoas se assustam por ter que batizar seu filho na Igreja Católica.

Vou contar um caso. Vocês sabiam que eu não tenho um marido romântico? Eu sentia falta de carinho. Aí, eu chorava aos pés do Senhor e Ele me completava.

– Toda vez que você sentir solidão, você tem o Senhor Jesus para buscar.

Após essas orientações, Valadão pregou sobre Abigail, com base em 1 Samuel, capítulo 25. Ela contava que Abigail era bonita e inteligente, uma mulher fiel e leal. Pacificadora, tinha a admiração dos servos de sua casa. Nabal, seu marido, era um homem rico, rude e mau. Era tido como um insensato, que vivia de festas, e estava constantemente embriagado. Sem o consentimento de Nabal, Abigail foi até Davi e os homens dele, para servi-los com pães, carne e água e evitar que eles matassem seu marido e servos, que haviam se recusado a fornecer o alimento. Abigail foi rápida em corrigir o erro do esposo.

Valadão ia contando a história entremeando-a com suas interpretações e afirmando como as mulheres deveriam agir. "A mulher tem que enfrentar, ter atitude, ser corajosa, guerreira, discreta e sábia com as palavras." Até aí, não fugia do convencional. As mulheres riam quando ela dizia: "Não vá pegar conselho com a revista *Cláudia*, hein?", fazendo alusão aos manuais de comportamento seculares, que não coincidiriam em nada com as instruções de Deus.

E complementava: "A mulher deve se submeter à vontade e ao desejo do seu marido. E é submissão nas pequenas coisas. Submissão completa, sem reclamação, com alegria." A essa altura, a audiência já não tinha o mesmo entusiasmo que antes. Mas Valadão mostrou que havia exceção. "Você sabe quando a submissão deve ser rompida?" As mulheres respiravam fundo ansiosas pela resposta. "Quando o marido é um louco. Quando é um maníaco, bipolar, psicótico. Se deixa o filho trancado no armário por causa de drogas, se quer ter relação sexual a três, se te ameaça de morte, se é pedófilo." Pairava um silêncio. "Nestes casos, a mulher está autorizada por Deus a desobedecer."

Perseverança era a palavra de ordem e continuei a ouvi-la em outros cultos quando o assunto era o divórcio. Significava o caminho de Deus; era lutar e não desistir. Desistir era visto como mais fácil, o caminho das pessoas mundanas, do inferno. Valadão dizia que, a partir de um encontro com Deus, a mulher pode até voltar para as mesmas circunstâncias, mas terá sido preparada e recebido promessas, pois a fé aumenta a capacidade das pessoas de tolerar as situações mais adversas. Ah, e essa conclusão não é minha. Foi pregada exatamente assim por ela, que continuava dizendo que a mulher sábia toma a postura da sujeição.

Valadão seguia contando que Abigail assumiu a culpa de Nabal, pois uma mulher sábia não expõe seu marido na insensatez dele; ela é responsável por sua reputação. "Por isso, cubra os pecados do seu marido." O homem, ainda que insensato, dizia ela, deve ser mantido dentro de casa, pois a figura paterna é importante para a criação da identidade dos filhos. E completava: "Não exponha esse homem com suas palavras. Poupe os seus filhos das decepções que você tem com seu marido."

Em caso de divórcio, a orientação era que a mulher também encobrisse as falhas do ex, além de proporcionar a convivência de sua prole com outros homens (parentes, homens de Deus da igreja), de modo a não confinar seus filhos em um ambiente de dominação feminina. E deveria ainda falar bem daquele pai mesmo quando ele não estivesse presente. Como uma vez escutei: "Até um pai morto pode se fazer presente se a mulher falar em nome dele." Pois "a mulher não é só o termômetro; ela é o termostato da casa".

Em inúmeras ocasiões, Valadão repetiu o princípio de que é tarefa da mulher construir um marido respeitável, cooperar para sua honra e dignidade, e não expor o esposo quando ele insiste em fazer algo que a mulher já havia alertado que não daria certo.

Em um dos bate-papos, Valadão contou uma piada da qual gostava muito. Dizia ela que a ex primeira-dama dos Estados Unidos, Michelle Obama, certa vez fora jantar com o marido em um restaurante, e um garçom a abordou para tirar uma foto. Atenciosa, ela atendeu ao pedido e comentou com Barack Obama que aquele era um namoradinho de muito tempo atrás. Obama, surpreso, teria dito a ela: "Nossa, você seria a esposa de um garçom." Ela, por sua vez, proferiu uma rápida resposta que Valadão usava para reafirmar o ponto de vista defendido em suas colocações: "Não, querido, ele é que seria o presidente dos Estados Unidos."

Continuando as ilustrações, Valadão dava um exemplo pessoal sobre as boas consequências desse tipo de postura feminina. Ela contou que, em certa ocasião, os filhos foram convidados para um aniversário. Eles estavam sob os cuidados dos sogros, que os arrumaram, mas não prepararam os trajes de banho. A questão é que a festa era na piscina. Seu sogro, que recebeu o convite, se esqueceu completamente do contexto da celebração. E a sogra, descobrindo o feito, tomou a culpa para si a fim de não expor aos outros os erros do cônjuge. Valadão considerou a atitude como de uma sabedoria exemplar e orientou às mulheres: "Assumam a culpa. Estou aprendendo a levar a culpa sobre mim também."

Algumas mulheres da plateia estavam atônitas. Até um pouco atordoadas, eu diria. O "como assim?" não passava apenas na minha cabeça. Havia certo incômodo que era perceptível. Mas, para certas fiéis, as ideias da pastora eram corretas e naturais, ainda que pudesse haver dificuldade em colocá-las em prática.

Valadão narrou, então, o desfecho da história de Abigail. "Ela esperou em Deus pela vitória. O Senhor feriu Nabal e ele morreu. Ela teve uma grande vitória. Sabe qual? Não foi ela quem matou o marido." Nesse momento, Valadão contou que uma irmãzinha da igreja estava sempre esmorecida, retraída e parecia infeliz. Certo dia passou a se arrumar e a andar alegre e animada. A razão? O marido tinha falecido.

Abigail se tornou uma das esposas de Davi após o falecimento de Nabal, e o filho que tiveram se chamou Quileabe, ou Daniel, que significa "Deus é o meu juiz".

Alegando que a maior parte dos problemas de um casamento quase sempre está com as mulheres, Valadão justificava que era preciso ser fiel até o fim, e o saldo do comportamento de Abigail parecia consolar as presentes.

Segundos casamentos

Entre 2017 e 2019, Ana Paula Valadão e Gustavo Bessa começaram a trazer livros e conversas advogando um novo entendimento sobre o divórcio, o que parece representar certa flexibilidade. Há que se ter muita cautela para dizer isso, no entanto, dado que continuam acreditando que o plano de Deus é a constituição de uma família iniciada por um casamento que não se dissolve. Mas ainda que o divórcio continue sendo enfatizado como pecado, o casal passou a falar abertamente que há situações, que não a morte de um dos parceiros, para as quais se abre a possibilidade de um novo matrimônio.

Em 2017, no Congresso Homens e Mulheres Diante do Trono, Bessa explicou que há uma diferença importante na Bíblia entre duas práticas que, segundo ele, foram confundidas quando das traduções do original para outros idiomas e, consequentemente, para o português. O "divórcio" se referiria, na verdade, a uma palavra cuja raiz em hebraico e em grego pode ser melhor interpretada como repúdio, atitude comum tanto na época de Moisés quanto na de Jesus.

O repúdio acontecia quando o homem desgostava de sua mulher. Dada a cultura da poligamia, ele geralmente trazia uma segunda esposa para dentro de casa, desprezando completamente a primeira, que perdia sua dignidade frente à sociedade e se tornava uma "escrava" impedida de deixar a casa. Para que sua humanidade fosse restaurada e ela pudesse prosseguir a vida, havia o ordenamento bíblico de que o marido lhe desse a tal "carta de divórcio". Mas a carta seria fruto da "dureza do coração" dos homens, como enfatizado por Jesus no Novo Testamento.

Desse modo, situações em que um dos cônjuges é mau, cruel e tem um comportamento que se afasta expressivamente do esperado de um cristão (o repúdio) desobrigam as mulheres a permanecer casadas. Elas devem se libertar do sentimento de culpa, vergonha e acusação, pois seu divórcio é legítimo. Elas estariam perdoadas do pecado da separação, dado que apenas a blasfêmia contra o Espírito Santo é transgressão para a qual Deus não confere perdão.

Em 2019, um dos bate-papos do Congresso Mulheres e Moças Diante do Trono trouxe o relato de três divorciadas. Uma delas estava casada com o segundo marido há 28 anos. A outra, pastora da Lagoinha que fora inclusive consagrada durante o divórcio, contraíra novo casamento há dois anos. A terceira estava noiva, tendo narrado uma história emocionante que dizia que o pretendente norte-americano havia esperado por 14 anos com uma promessa de Deus de que a pessoa com a qual ele se casaria viria da América Latina e já teria duas filhas.

No meio evangélico, a legitimidade daquele que se divorcia se encontra quase que exclusivamente no adultério cometido pelo outro. Mas naquela conversa entre as líderes, foi falado do caso de uma mulher que vivia em cativeiro e apanhava do marido. A pastora que a atendeu chamou o cônjuge para conversar, de modo a verificar a veracidade do relato e se haveria possibilidade de restauração da relação. Atestando-se a perturbação do homem, o divórcio foi orientado, e a mulher foi defendida contra a agressão física que sofria.

Apesar da atenção dada ao assunto no referido congresso, a razão dos divórcios das presentes não foi abordada nem insinuada. Uma das líderes disse que Deus não fica a vida toda penalizando as mulheres por seus erros, muito menos por erros causados pelo livre-arbítrio do outro. O foco recaía sobre as histórias de conserto de vida quando das constituições de novos matrimônios – algo diferente do que fora observado nos primeiros anos da minha pesquisa.

***

Engraçado que, por ter sido criada por pais separados, o divórcio nunca foi um tabu para mim. Acredito sinceramente em pessoas que permanecem juntas, mas tenho uma convicção muito forte de que isso é uma exceção em vez de uma regra. Confesso que quando minha mãe saiu de casa, senti um grande alívio. Porque meus pais eram infelizes juntos, então, seria muito egoísmo (ou hipocrisia) querer que eles conservassem uma configuração que não fazia bem para mais ninguém. Ainda assim, guardo muitas memórias fortes do companheirismo e da cumplicidade deles mesmo após a separação. Em conversas que tinham, em presentes que se davam, em almoços e jantares nos quais estavam juntos, nas preocupações incessantes do meu pai com as viagens, gastos financeiros e namorados da minha mãe. Para ele, ela era a filha mais velha e mais descabeçada.

Lembro de uma comemoração do meu aniversário em um restaurante, no qual estávamos eu e meu marido, minha irmã e seu esposo, meu pai e minha mãe. Conversamos sobre tantas coisas. Rimos de diversas pessoas e situações. Eu estava imensamente feliz, completa e realizada. Não me importava com quem meus pais transassem. Porque família, respeito, união e afetividade nós tínhamos em excesso. Já o sexo, cada um que fizesse com quem julgasse mais conveniente.

Entendo o divórcio dos meus pais como o fim sadio de uma relação. Talvez se acabada antes, teria sido mais sadia ainda. Meus pais se machucaram muito por alguns anos. Nunca deveriam ter se casado, na verdade. E sei que, quando digo isso, alguém pode pensar que eu não teria existido se eles não se unissem. Sou grata a eles por existir e pelas muitas coisas que aprendi em função das coisas que eles não sabiam. Mas nem por isso consigo anistiar o impacto da religião nesse caso.

Meu pai era um artista livre, convertido em idade mais madura, e se apaixonou menos pela minha mãe em si, e mais pela imagem que ela representava – pianista, regente de coral, moça de classe média bem-criada por um homem tradicional e diácono da igreja. Minha mãe tirou carteira de motorista aos 18 anos, pouco depois de ser aprovada para ingressar em uma universidade pública. Começou a trabalhar jovem e logo conheceu a Europa (até hoje é alucinada por viagens). Meu pai, que é um encantador de pessoas, se encantou pela ideia de constituir uma família com aquela crente exemplar. O que ele não sabia era que nem ela era tão exemplar assim (como ninguém é), nem ele conseguiria suportar os grilhões que aquele casamento lhe imporia.

De outro lado, minha mãe, criada em uma igreja batista e que almejava a escolha do parceiro perfeito, se apaixonou pela oportunidade de se casar com um jovem talentoso, garboso e inteligentíssimo. Mas algumas renúncias que aquela relação em particular lhe requereria, ela também não conseguiria fazer. Ela não era a pessoa que esperaria o marido com um bolo recém-assado e a casa lustrada. Era visionária. Queria trabalhar, empreender, viajar. Meu pai?

Trocava um pulmão por um saco de cimento. Construiria um império se tivesse a oportunidade. Trabalhava como se fosse morrer em um mês, mas tivesse uma pena de anos para cumprir antes da partida.

Obviamente tiveram e ainda dividem momentos de muita felicidade. Mas como se culparam por terem incutido os valores da religião evangélica! Tiveram muita dificuldade em aceitar o divórcio, em ter outros parceiros, em se separar fisicamente. Coisas que poderiam ter sido um pouco mais leves – ainda que muito sofridas, como em todo término – foram duras, desgastantes e doentias. Porque a maioria das pessoas – e os meus pais também naquela época – acredita piamente que o bom é viver em dupla.

Além disso, a separação dos meus pais teve outra consequência que talvez eles desconheçam. Ela respingou sobre mim e minha irmã quando estávamos na igreja. Quando chegamos naquela fase de adolescência em que se começam os namoros, eles não aconteceram para nós como para outras meninas. Eu fui uma adolescente descuidada, confesso, embora costumasse me interessar por rapazes que, olhando em retrospecto, também não eram lá essas coisas. Mas minha irmã era o oposto. Usava vestidos, saltos altíssimos, tem os olhos esverdeados e os cabelos longos e pesados. Mas também não decolou namoros. Tenho registro de apenas um caso, e que durou pouco. Obviamente as razões são diversas e contextuais: não correspondência dos sentimentos, desencontros de expectativas, outras garotas no páreo etc. Mas tínhamos certo êxito fora da igreja.

Muitos anos depois, fiquei sabendo que corria, a bocas miúdas, que éramos filhas de pais separados, portanto, não éramos bons partidos.

Demorei a me dar conta de que aquilo era um estigma por uma escolha que não fizemos. Percebi que o valor dado ao modelo tradicional de família era a fonte de atitudes bem covardes e inescrupulosas. Hoje penso o quanto tivemos sorte de nos livrarmos daqueles pretendentes.

Na mesa lateral do sofá da minha sala, tenho a biografia de Jean-Paul Sartre e Simone de Beauvoir.[48] Ambos foram acusados por inúmeras pessoas ao longo dos anos como depravados e imorais. Tiveram uma relação aberta, sendo que foram muitos os outros parceiros com os quais se envolveram. Nada harmônico, mas bem honesto, bem real. Não diria que um modelo a ser copiado por todo mundo. No entanto, na estabilidade que encontraram frente a tantas controvérsias afetivas, literárias e políticas, questionaram a instituição do casamento, entendendo que ela sim é que seria extremamente imoral. Segundo Beauvoir: "O horror da escolha definitiva é que envolve não só o eu de hoje, mas também o de amanhã." Se ficaram juntos tendo um pensamento tão liberal? Só 51 anos.

Há certos evangélicos que não acreditam que Deus tenha predestinado uma pessoa específica para ser o parceiro de cada cristão. Mas que Deus abençoa a disposição do casamento quando do encontro do par. Porém, apesar de mais flexíveis nisso, esses religiosos usam a Bíblia para defender a indissolubilidade do matrimônio, a fidelidade, a monogamia, a união até a morte. Não acredito nisso. Mas minha ideia não é convencer ninguém a experimentar um relacionamento mais "moderno". Até porque cada arranjo traz suas próprias alegrias e tristezas. Meu argumento é mais simples. As pessoas têm muito medo de estarem sós. Casam-se e permanecem casadas porque não encontram prazer em si mesmas.

Como mencionado, observei inúmeras vezes a orientação de que as mulheres não deveriam buscar a felicidade plena em nada que não fosse em Deus, de modo que o autoconhecimento e a autoconsciência também não figuram como fontes de contentamento e prazer. Mas encontrar satisfação apenas em Deus fica muito difícil quando se é bombardeado de referências à família como projeto máximo da divindade depois da salvação. Aceitar o divórcio, então? Praticamente impossível. Os sonhos são fortes demais, assim como as ilusões.

9. Entre homens, gays, lésbicas e outros gêneros

Como as fiéis que pesquisei pensam que deve ser o homem de Deus? Na verdade, acabei antecipando muitas ideias sobre masculinidade, porque gênero é uma categoria relacional. Quando falamos, por exemplo, do feminino, automaticamente fazemos definições sobre o masculino. E isso serve para outras expressões de gênero também. Uma das filósofas que suscita inúmeras controvérsias em nossos dias, especialista neste tipo de abordagem, Judith Butler, nos fala que quando definimos o que é normal, acabamos neste exercício definindo o que não é. Aplicando o mesmo raciocínio, quando definimos o que é uma mulher de Deus, estamos definindo tudo aquilo que ela não é e não deve ser e, ao mesmo tempo, o que os homens são e deveriam ser.

Observei muitas pregações proferidas por Gustavo Bessa, principalmente entre 2012 e 2014. Também me dediquei a prestar atenção aos eventos nos quais o casal aparecia em conjunto. Mas quando revi minhas anotações de pesquisa, encontrei um volume considerável de interpretações interessantíssimas sobre a masculinidade feitas pelas mulheres, por exemplo, a fala proferida por uma das líderes:

Meu marido é maravilhoso porque eu o fiz assim. Ele é um homem muito tranquilo, então sempre tive a visão para ele. Apenas 2% dos homens são autodeterminados e tomam iniciativa por si mesmos. Todo o resto não é assim. Então, você tem que pensar: com que tipo de homem quer viver? A Bíblia diz que tenho poder sobre esse homem. Se você atacar a autoestima dele, você vai gerar uma doença que ele não pode suportar, a da deterioração da identidade.

Quando entrevistei Valadão, uma das perguntas que fiz a ela foi qual seria a responsabilidade fundamental do homem. Transcrevo abaixo a resposta:

O homem é o líder. O homem é o cabeça da mulher. Então, ainda que a mulher possa até ganhar mais dinheiro que o marido, quando eles andam segundo os princípios bíblicos, existe uma harmonia muito grande, porque não existe o que é meu, tudo é nosso. Então a esposa entrega aquele valor para o marido, o marido junta o dele também, mas ele é o líder. Junto com ela, eles vão decidir. Mas tudo está ali, na mão do meu marido. E ele então vai conduzir as decisões, os investimentos; acaba mexendo com tudo.

Essa percepção decorre da imagem da mulher como mais frágil e multifocal, alguém que precisa de um guia e protetor. Enquanto o homem deve protegê-la, a proteção dele viria de Deus.

Pesquisas acadêmicas[49] mostram que, em geral, os homens são mais resistentes à mensagem evangélica e têm maior propensão a abandonar a fé. Eles costumam buscar as igrejas por problemas de saúde; para vencer vícios, como o uso desenfreado de bebidas alcóolicas; e também por razões financeiras, como o desemprego. Também podem visar a carreiras eclesiásticas ou se refugiar em um espaço no qual a virilidade mundana não encontra tanta legitimidade. Como já mencionei no quinto capítulo, por vezes, eles são levados à religião por suas mulheres, que se convertem primeiro e, daí em diante, passam a perseguir o ideal de ter toda a família na igreja.

Pode ser que alguém argumente que a necessidade de se entregar e obedecer a Cristo mantenha os homens afastados da religião, uma vez que são socializados como mais intransigentes e podendo subverter a ordem. Mas os que optam pela conversão encontram, em contrapartida, a possibilidade de se livrar dos atributos do típico homem brasileiro.

No catolicismo, por exemplo, a relação entre masculinidade e violência, agressão, virilidade e potência sexual estaria sendo enfraquecida pelo fato de a participação dos homens nas comunidades de fé estimular o cultivo de características tipicamente associadas ao feminino, tais como a afetuosidade e a gentileza. Entre os evangélicos é semelhante. Existe uma ideia de que todo cristão deve estar santificado, ou seja, purificado, separado do mundo, devoto. Isso não permite a completa reprodução da figura do homem como aquele que bebe, está ligado ao espaço da rua (público) e não do lar, e é associado à atividade, ao poder e ao machismo. A conversão incitaria, tanto em homens quanto em mulheres, o cultivo de humildade, generosidade, docilidade e passividade. O foco passaria a estar na família enquanto unidade social. Além disso, ao controlar os vícios e restringir a sexualidade e os prazeres masculinos ao casamento, estaria acontecendo uma diminuição da distância entre os gêneros.

Observei a mesma coisa entre os religiosos que pesquisei. Criticavam frontalmente a "selvageria", a grosseria e o gosto por discussões, que seriam típicos dos homens, assim como o descuido, a insensibilidade e a falta de polidez. Gustavo Bessa dizia com pesar: "O homem, a gente, assim, macho, às vezes é duro de coração. [...] E eu queria mostrar para a Ana a minha hombridade."

Bessa pregava que a existência de maridos que diminuem suas esposas com xingamentos (como burra, anta, vaca) é absurda. E dizia que homem que é homem não bate, não agride e não rebaixa a mulher. Ele defendia que os homens devem ser mansos, sensíveis, íntegros, atentos e delicados para com as mulheres, que carecem de cuidados especiais. Ressaltava ainda e, por mais de uma vez, que se o marido fosse rude com a esposa, "suas orações seriam interrompidas, isto é, sua espiritualidade seria diretamente afetada". No entanto, ainda que a gentilização dos convertidos seja estimulada, entre as mulheres era pregado que elas deveriam apreciá-los mesmo que eles ainda não estivessem plenamente transformados.

O redesenho do jeito de ser masculino pode ser lido como contribuindo para uma configuração mais igualitária dos arranjos familiares pela aproximação entre os homens e o lar. Mas essas mudanças estão longe de representar ganhos para as mulheres em termos de cidadania. É possível, por outro lado, que elas impliquem a diminuição da violência doméstica, uma vez que o exercício do controle feminino, em vez de feito pelos homens, passa a ser desempenhado pela religião. Mas essas hipóteses carecem de ser testadas por outros estudos.

Reafirmando os gêneros

Durante muitos cultos, ouvi Ana Paula Valadão, Devi Titus e outras preletoras dizendo que a mulher cristã precisa admirar as diferenças entre os gêneros masculino e feminino. Em seu *Facebook*, falando sobre estupro e violência contra a mulher no Brasil, Valadão defendeu que a chave para mudar a cultura é dizer não à guerra dos sexos e apreciar os gêneros em suas distinções.

O pastor Gustavo Bessa é aquele tipo de homem educado, polido, cerimonioso, elegante e de palavras moderadas, inclusive quando altera o tom de voz para chamar a atenção de seus ouvintes. Proferia sermões sempre ponderados. Defendia que os homens tivessem amigos com quem pudessem conversar, ser eles mesmos e viver o próprio universo. Mas seu foco era falar sobre o relacionamento dos homens com Deus. Diferentemente das pregações de sua esposa, que eram recheadas de exemplos práticos e com tom mais intimista, fazendo com que as mulheres experimentassem momentos catárticos em reação ao que fora dito, os sermões de Bessa pareciam dialogar com homens que ouvem orientações do púlpito, mas que tomam as decisões de maneira reservada em outro lugar.

Ainda assim, Bessa não dava margem para a autoridade feminina. Certa vez ele afirmou:

> Não é uma questão de machismo, mas o chamado de Deus foi para um homem. Deus não escolheu uma mulher. Para transformar o mundo, Ele escolheu pessoas e, dentre essas pessoas, os homens. Adão, Abraão, Isaque, Jacó, Noé. A disposição de Deus no jardim do Éden era falar com o homem. O problema do jardim não foi Eva; foi o silêncio de Adão. Quando o homem se cala é que os problemas surgem.

Para o pastor, a geração atual não sabe o que é ser um homem bom. Os homens tenderiam de forma natural ao isolamento e à omissão. Desse modo, aquele que é de Deus não deve jamais levar essa caraterística para seus relacionamentos. O homem precisa cuidar de sua cônjuge e ser uma referência positiva como pai. Segundo narrava, os pais atuais têm perdido o senso de propósito e atuado pouco na vida dos filhos. E a figura masculina dentro de casa teria um efeito protetivo muito poderoso. Suicidas, homicidas, estupradores e usuários de drogas – argumentava ele – decorrem de lares sem uma figura masculina.

Bessa também conclamava os ouvintes a assumir as responsabilidades em ouvir a Deus e chamar os filhos e a esposa para ir à igreja. E seguia: "Não é a nossa esposa quem vai nos guiar. Ela não deve nos levar a Deus nem tomar a iniciativa." Enquanto a responsabilidade espiritual era frequentemente atribuída ao homem, a financeira, que costuma ser muito defendida nas igrejas evangélicas como provisão masculina, não era uma tônica dos sermões de Bessa.

Para ele, uma das maiores dificuldades para o homem seria manter a integridade sexual. Assim, a orientação dada era fugir das tentações, porque o homem, sendo verdadeiramente macho (entenda-se heterossexual), não conseguiria resistir a fazer sexo. Em um dos eventos femininos, certa vez foi dito que os homens têm várias caixas em suas cabeças (fazendo analogia à pouca atenção que eventualmente dão às coisas). A primeira caixa seria a do nada. A segunda, a do sexo.

Meninos vestem azul

A defesa de um tipo específico de masculinidade também se direcionava às crianças. Ana Paula Valadão, contando da gravidez de Benjamim, o filho mais novo, afirmou em tom lamurioso:

> Um tanto de gente falava: "Ah, é uma menina. Agora é uma menina, agora é a Débora." E eu sinceramente nunca tive preferência. Mas de tanto as pessoas falarem, quando foi feito o ultrassom, eu já tinha os dois nomes. E eu em todo o tempo dizendo: "O que quer que for, é um presente de Deus." Porque nós somos mulheres sábias de

Deus, não vamos ficar com essas coisas de preferência. Mas, lá no fundo, sabe o que aconteceu? Eu fiquei triste [quando descobriu que o bebê era do sexo masculino]. Aí, em poucos minutos me recompus e falei: "Eu rejeito essa tristeza em nome de Jesus e pronto." [...] Parece uma coisa do capeta, gente. Meu filho é tão lindo que desde bebê todo mundo fala: "Que menina linda, nossa, que menininha fofa." E eu falo: "É um menino, é homem de Deus, é homem abençoado." Fala e eu quebro na mesma hora em nome de Jesus. E ele não entende nada, mas no mundo espiritual eu já liberei isso e falei: "Benjamim, você é um menino, e eu te amo, meu filho. Eu te quis menino."

Em janeiro de 2019, Damares Alves, em seu discurso de posse no Ministério da Mulher, da Família e dos Direitos Humanos, fez uma afirmação que polemizou nas redes sociais. Ela disse: "É uma nova era no Brasil: menino veste azul e menina veste rosa." Na ocasião, seu discurso terminou com o coro das pessoas que a cercavam. Mas, em seguida, internautas lembravam nos comentários que as preocupações da ministra deveriam ser, em vez de a cor das roupas: o feminicídio; a ausência dos pais nos registros de nascimento, na criação dos filhos e no pagamento das pensões; a violência doméstica; as crianças nas ruas e os direitos humanos negados.[50]

O que, para muitos, era um comentário retrógrado, limitador e preconceituoso, eu já havia ouvido por várias vezes e há muitos anos antes nos ensinamentos de Valadão.

Em maio de 2016, em seu *Instagram*, Ana Paula repostou a seguinte imagem:

Ela seguia afirmando em sua postagem aquilo que creditava a uma declaração do *American College of Pediatricians*, dentre a qual vale destacar dois pontos:

> 1) "A norma da concepção humana é ser masculino e feminino. A sexualidade humana é planejadamente binária com o propósito óbvio da reprodução e da prosperidade da nossa espécie"; 2) "Ninguém nasce com um gênero. Todos nascem com um sexo biológico. Ninguém nasce com a consciência de si como homem ou mulher: essa consciência se desenvolve com o tempo e, como todo processo de desenvolvimento, pode ser prejudicado por percepções subjetivas da criança, relacionamentos e experiências adversas desde a infância. Pessoas que se identificam como 'se sentissem do sexo oposto' ou 'nem masculinas nem femininas, algo entre os dois' não constituem um terceiro sexo. Elas permanecem, biologicamente, homens e mulheres" (fonte: @anapaulavaladao).

A preocupação em relação a isso era recorrente. Veja este bate-papo que registrei em um dos congressos de mulheres:

– As pessoas têm falado hoje em dia que incentivar uma menina a brincar de boneca e um menino a brincar de carrinho é errado. Porque você tem que deixar a criança escolher o gênero, que sexo ela quer desenvolver. Você, como estudiosa e psicóloga, à luz da Bíblia, o que você pode dizer sobre isso? O homem já nasce diferente da mulher ou são influências do meio?

– A feminilidade é uma construção. Nós nascemos do sexo feminino e vamos construindo essa feminilidade na transmissão geracional. A menina, quando começa a brincar de boneca, já está ali sendo preparada para a maternidade. A boneca é o seu bebê. Ela cuida. E é tão interessante que a menina repete o que ela vê com a mãe.

– Eu me lembro de uma loja nos Estados Unidos que, na década de 1960, por causa do movimento feminista, teve que mudar a forma como colocava os produtos à venda. Acabou se tornando uma regra e, em todas as lojas, por duas décadas, se mantiveram assim com os produtos misturados. Bonecas, carrinhos etc. Até que, na década de 1980, uma nova loja que surgiu – *Toys "R" Us* – desafiou essa regra. Ela criou, no seu interior, o mundo das meninas e o mundo dos meninos. E ali [no mundo das meninas] havia só boneca, castelinho e pônei. Todo tipo de maquiagem, fantasias de princesas. E no mundo dos meninos, carrinho, lutinha, os *videogames* para eles, tudo bem voltado para o universo masculino. E houve um *boom* nas vendas. Eles experimentaram um sucesso gigantesco.

– Tem me chamado atenção uma questão das bonecas com o advento da Barbie. A Barbie já é uma adolescente. Ela veio para trabalhar o imaginário das meninas. E têm tantas Barbies. Mas tem uma que é bem mais cara que as outras. Sabe por quê? Porque ela é a Barbie divorciada. Ela leva o apartamento do Ken, o carro do Ken, um monte de coisas. Isso vai na contramão daquilo que nós sempre incentivamos.

— Eu creio que nós devemos criar nossos filhos na apreciação do gênero oposto. É *ok* para um menino querer ter um bebê, então, não é problema brincar de boneca. Mas se um menino é sensível, a gente já começa a achar. O importante é que ele saiba que ele é um menino por causa do que existe no meio das pernas dele.

— É que uma das minhas preocupações é que há casos em que o menino se torna afeminado de tanto realizar as tarefas domésticas. Não que o meu marido não possa me ajudar na cozinha. Mas é diferente quando um menino assume todas as responsabilidades que deveriam ser de uma mulher. Quando ele para de ajudar e passa a assumir aquilo. Estamos falando de algo que vem a afetar a consciência da sexualidade, do gênero.

— Nós, no aconselhamento, às vezes nos deparamos com meninos – eu falo de famílias cristãs em que pai e mãe estão presentes – que, de repente, as características femininas estão muito ressaltadas. Ou meninas nas quais as características masculinas ainda estão muito ressaltadas. Uma vez, nós aconselhamos dois casais. Em um, a gente observou que a menina passava muito tempo com o pai e ia a estádios de futebol e assistia todos os jogos. Conversamos com a mãe que ela tirasse mais tempo para estar com a filha e naturalmente as coisas foram se invertendo. Da mesma forma, o menino que atendemos. O pai estava trabalhando bastante fora, viajando, e o menino convivia muito com as primas. Meu marido chegou para o pai e aconselhou: "Tira tempo com o teu filho." O pai argumentou que tinha que trabalhar muito, tinha muitas viagens. E meu marido disse: "Leve o filho junto, leve ele para trabalhar na loja contigo." Apesar de ele ter ficado ressentido, ele ouviu o conselho. Hoje, aquele menino virou um rapaz que faz medicina, não tem nada de jeito afeminado. Era o tempo que ele precisava com o pai, que não estava tendo.

– Eu acredito que a forma como a gente veste as nossas crianças tem uma grande influência, quase mais do que os brinquedos na identidade de gênero deles. E nós estamos vivendo em um tempo no qual as roupas masculinas estão mais femininas e as roupas das mulheres podem ser bem masculinas. E eles sempre copiam o *design* para os trajes infantis. E a Palavra de Deus diz que nós devemos treinar nossas crianças no caminho que elas devem andar. E a forma como nós os vestimos começa a criar a identidade deles.

Como se pode observar, as religiosas que pesquisei acreditam que as pessoas nascem com um sexo, mas que as expressões de gênero (masculino, feminino, afeminado, masculinizada etc.), assim como a sexualidade (heteroafetiva, homoafetiva, entre outras), é construída socialmente. Sendo assim, o convívio com as pessoas, além dos brinquedos, das roupas e atividades domésticas a que se está submetido, determinam essas elaborações. E, nesse sentido, os trajes ganham destaque não apenas na criação de Valadão de uma marca própria para vestir mulheres, homens e crianças, como narrei no terceiro capítulo, mas também no posicionamento dela frente a grandes varejistas, como no exemplo que segue.

Boicote à C&A

Em maio de 2016, Valadão se posicionou frontalmente contra uma campanha da *fast fashion* C&A, veiculada na televisão e na internet. A propaganda aludia ao dia dos namorados com o *slogan* "dia dos misturados" e trazia cenas de casais, homens e mulheres, que ao se beijarem ou passearem de repente tinham seus trajes invertidos um com o outro. Em reação, Valadão, no *Instagram* e *Facebook*, conclamou os crentes a boicotar a marca, dizendo:

> Hoje decidi manifestar minha #SantaIndignação porque acredito que estão provocando para ver até onde a sociedade aceita passivamente a imposição da ideologia de gênero. Fiquei chocada com a ousadia da nova propaganda da loja C&A. Chama-se misture, ouse e divirta-se. São casais de namorados saindo e, quando eles se beijam, a roupa do homem passa pra mulher e a da mulher pro homem. Os homens saem de salto e tudo. E aí fala. Ouse, misture. Em outra propaganda da mesma campanha eles fizeram todos nus como se fôssemos criados iguais e temos o poder de escolha. Então chegam em um campo cheio de roupas e as mulheres começam a vestir as roupas dos homens e os homens as das mulheres. Que absurdo! Nós que conhecemos a Verdade imutável da Palavra de Deus não podemos ficar calados. Temos que #boicotar essa loja e mostrar nosso repúdio. Nos EUA, a loja *Target* já teve prejuízo porque mais de 1 milhão de pessoas pararam de comprar (inclusive eu) desde que determinou que os banheiros feminino e

masculino podem ser usados por quaisquer pessoas que se sintam homem ou mulher naquele dia, aumentando os riscos de abusos (que já aconteceram em outros lugares que apoiam a ideologia de gênero).

#SouFemininaVistoComoMulher
#HomemVesteComoHomem
#UnisexNãoExiste #NãoÀIdeologiaDoGênero
#DeusFezHomemEMulher
#FamíliaÉHomemEMulher #HeteroSexualidade
#MonogamiaHeterosexualÉSexoSeguro
#Cristianismo
#AmizadeDoMundoInimizadeDeDeus
#NaoEstouEmBuscaDeFasMasDeCristo
#AgradarADeusNaoAHomens
#GalatasUmDez" (sic).

A mencionada ideologia de gênero é, de forma resumida, uma suposição de grupos conservadores quanto a haver movimentos sociais que tentam apagar as diferenças entre o masculino e o feminino. Na verdade, o que há é um forte embate entre, de um lado, as ativistas feministas que vêm tentando empregar a categoria gênero em políticas públicas e, de outro, religiosos que tentam propagar uma moralidade que combate identidades, expressões e orientações de gênero não tradicionais.[51]

Homens afeminados

Apesar do patrulhamento do que meninas e meninas devem vestir, a Igreja da Lagoinha vem se tornando conhecida por atrair e tolerar um grande número de rapazes jovens que apresentam fala e trejeitos feminilizados e que se preocupam com o uso de roupas de marcas famosas, brincos e acessórios. Parece uma contradição, não é? Mas é verdade. Um trecho da entrevista realizada com um dos componentes do Diante do Trono (da formação que vigorava em 2012) serve para ilustrar esse tipo de sujeito:

> Não é errado furar orelha, não é errado se você quiser usar um brinco [...]. Eu tenho um pouco de vaidade, vamos dizer, cuido muito de mim, da aparência [...]. Antes eu tinha um cabelo maior, então, demorava um pouco mais para arrepiar, para cuidar [...]. Mas se eu estava com o cabelo feio, eu ia ministrar, entendeu? Não tinha disso. Eu gostava de estar com o cabelo bonito e tudo mais, mas não deu, choveu no dia, aí eu vou ter que ministrar de cabelo de lado, de franja, aí eu vou falar: "Ah, não vai fluir a unção porque eu não tô com o cabelo arrepiado"? Não existe isso [...]. Teve uma vez que meu pai teve uma redução no salário. E eu gostava muito de comprar roupas. Tinha um evento novo, eu gostava de comprar roupas. Aí meu pai falou assim": "Olha, não vai dar mais para você comprar roupa assim." Meu coração partiu. Nossa, para mim foi muito difícil.

> [...] Mas Deus nunca deixou faltar. Então eu sofri,
> sofri. Fiquei épocas sem comprar roupas.

Tais atributos são aceitáveis uma vez que estejam revestidos da justificativa de que não funcionam como prioridade na vida da pessoa. Assim como a vaidade feminina, a masculina é interpretada como zelo com o que é dado por Deus, o que inclui o corpo.

Sujeitos com as características acima descritas estão presentes não apenas na Lagoinha, mas também são vistos nos aglomerados de fãs que ovacionam o Diante do Trono quando o grupo chega a determinado local para se apresentar. Talvez esse público esteja sendo atraído por um repertório musical que possibilite, independentemente do gênero, uma experiência místico-religiosa catártica. Como as músicas são compostas e cantadas por uma mulher, pode haver identificação e consequente assimilação de um modo mais feminino de se dirigir à divindade. Apesar de essa ser mais uma evidência da não naturalização da masculinidade hegemônica, permanece a dúvida a respeito das implicações disso para as relações entre os gêneros.

Afinal, a igreja e a iniciativa eclesiástica de Valadão demonizam tanto os gêneros quanto as sexualidades homoafetivas. Ao fazer isso, preservam uma posição bem tradicional do protestantismo brasileiro, ainda que já revisada por algumas denominações. A não heterossexualidade predomina sendo vista como um pecado hediondo. Deste modo, a aceitação de certa feminilização da audiência masculina é conciliada com a oferta de auxílio aos que desejam sair da "zona de risco" (ou seja, os que querem abandonar a homossexualidade, os vícios, a perversão, a promiscuidade, as doenças sexualmente transmitidas, entre outros).

Portanto, embora o cultivo de traços não esperados de um homem (ou de uma mulher) não esteja necessariamente associado à orientação sexual por pessoas do mesmo sexo, caso um afeminado cresça na igreja e seja homossexual, sua identidade será massacrada.

"Mulheres querendo ser homens"

> Quando começamos a lutar pelos nossos direitos, fomos parar nos outros extremos. E vemos mulheres querendo ser homens, não querendo mais ser mulheres. Mulheres que levantam a bandeira da homossexualidade com muito orgulho, dizendo: "Eu posso fazer tudo que um homem pode fazer. Eu posso ser um homem se eu quiser." Nós olhamos ao redor e vemos a degradação moral cada dia maior em nossa sociedade. [...] Nós não queremos leis criando um terceiro gênero; isso nós não acreditamos que Deus criou. Deus criou o homem e a mulher, não um terceiro gênero. A pessoa pode ter uma opção sexual, o que é bem diferente. Mas impor, em lei, um terceiro gênero? Isso não.

As palavras são de Ana Paula Valadão no congresso de mulheres de 2015. Mas em inúmeras outras ocasiões, ela falou sobre a homossexualidade, considerando-a fruto de rejeição, algo demoníaco, doença, corrente do inferno que deve ser combatida, moral depravada exemplificada pelas cidades de Sodoma e Gomorra.[52] O afeto homoerótico é interpretado como decorrente de alguma decepção com homens, carência e até mesmo desejo de experimentar algo novo.

Apesar disso, é defendido o acolhimento a esses indivíduos. Em entrevista a mim concedida, Valadão afirmou: "Eu acredito que todos são bem-vindos. E Deus não classifica os pecados como pecadinho ou pecadão. Então, às vezes, ali no culto, eu tenho um adúltero, um pedófilo, tenho um homossexual, tenho um mentiroso." Para ela, os pecados sexuais, embora não sejam piores que os demais atos tidos como delituosos, acarretam consequências mais graves, pois são cometidos no corpo, que é o templo do Espírito Santo. Deus, teria, assim, uma preocupação e um cuidado especial com o destino que se dá ao local que o abriga.

Nos eventos pesquisados, as mulheres defendiam que, por meio da fé e de um processo de disciplina, seria possível romper com determinadas práticas e reinterpretar experiências à luz de uma nova identidade. A socióloga Maria das Dores Campos Machado[53] já havia mostrado que, para os pentecostais, esse tipo de discurso permite buscar um espaço de proteção no qual haveria a possibilidade de o fiel se libertar dos demônios que supostamente causam o comportamento desviante. O argumento utilizado é que a procriação e as funções biológicas são restituídas por Deus e determinam um novo desempenho da sexualidade. Valadão bate nessa tecla ao dizer que "geralmente os homossexuais são um grupo mais sensível, com, às vezes, até mesmo um anseio por mudança. E o evangelho oferece essa mudança. [...] Nós deixamos bem claro, como cristãos, o que nós acreditamos, o que a Bíblia diz a respeito dos gêneros". Ela instruía que um "ex-gay", uma "ex-lésbica", se casasse com alguém do sexo oposto em caso de experimentar a cura, ou que ficasse em processo de abstinência, caso as dificuldades com isso ainda permanecessem.

Em um dos cultos, ouvi um relato sobre o assunto que, para mim, foi chocante:

> Eu posso me usar como exemplo dessa questão de ter me envolvido de várias maneiras com várias coisas, sexualmente dizendo. [...] Eu estava acostumada a viver dos 14 aos 23 anos totalmente envolvida com sexo, não era só com homem, era com mulheres, com tudo ao mesmo tempo. [...] Eu não entendia como um dia, eu, que só vivia com mulher e só amava mulher, poderia viver com um homem, e como conseguiria viver sem uma mulher. [...] Quando dei o meu primeiro testemunho nesta igreja, eu era um menino mesmo. A minha mente pensava como homem, eu queria coisas que homens queriam, eu queria mulher, sabe? E o Senhor veio trabalhando, trabalhando, e hoje Ele é tão Deus que me usa naquilo que eu ainda sou fraca. [...] Isso é para dar esperança, porque a gente tá convivendo num tempo onde tenho certeza de que a gente tá aqui numa igreja, falando sobre Jesus e tem mulheres que pensam sobre isso. O homossexualismo tá em

todos os lugares, você sai, tá ali na esquina, tá aqui, tá ali, você vai na igreja a gente percebe as pessoas diferentes. [...] E é um assunto totalmente importante porque mulher é muito sensível, mulher é muito romântica e os homens, aqueles que não têm o Senhor e até aqueles que têm, estão grosseiros e tratam as mulheres mal. Então ela começa com uma amiguinha aqui, e aí começa a conversar e, quando se vê, quando menos percebe, tá envolvida por aquela amiga; dentro da igreja, tendo Jesus. Então eu sei que o Senhor me trouxe aqui para alertar.

Se tem uma coisa na qual eu realmente não acredito é na cura das sexualidades. Durante o período em que estive na igreja, ouvi e presenciei histórias muito dolorosas sobre isso. Um dos casos foi o de um irmão que deu um soco no olho do outro quando este dormia, para penalizá-lo quanto aos traços afeminados e às companhias que indicassem homossexualidade. Em todas as histórias, há uma mesma tônica – uma imensa culpa sentida por aquele que se desvia da norma hetero e as punições dos demais, além das autoinfligidas. Gays, lésbicas e outros que têm educação religiosa desde a infância sentem um desconforto que talvez levarão por toda a vida. É muito comum que essas pessoas queiram vivenciar experiências com Deus. Mas elas têm em suas mentes uma estrutura religiosa muito bem consolidada que rejeita sua orientação sexual e/ou de gênero. Assim, em nome da fé, elas se martirizam dia a dia a fim de represar os tão pecaminosos desejos.

Segundo o antropólogo Marcelo Natividade,[54] que é o principal nome do Brasil em ciências sociais a tratar do assunto, o dispositivo acionado pelas religiões é de uma moralidade que acaba por reforçar ainda mais a diferença e a hierarquia de gêneros entre os fiéis. Ou seja, enquanto homens são superiores em autoridade em relação às mulheres, gays, lésbicas e outros são classificados como indivíduos que precisam se libertar de seus males, condição de sua aceitação. Muitas vezes, a homossexualidade é entendida como uma opção para a qual a pessoa pode buscar cura e, enquanto luta para se regenerar, deve escolher pela abstinência. Natividade defende que o que acontece é um assujeitamento dos homoeróticos, que só podem estar no âmbito religioso se buscarem por uma transformação. Esse tipo de mudança requerida pode ser interpretado como uma violência, ainda que, para os evangélicos que pesquisei, isso seja visto como uma libertação e não como um abuso.

Se o que se tem em mente é o empoderamento de gays, lésbicas, travestis, transexuais etc. no âmbito evangélico, apenas as chamadas igrejas inclusivas, que são dirigidas por homossexuais, parecem ser uma opção. E, mesmo assim, é preciso chamar a atenção para o fato de que, nessas comunidades, tradições como a monogamia e a fidelidade têm muito valor. Essas igrejas, ainda que pouco aceitas entre a maior parte dos evangélicos, ao contrário do que muita gente imagina, não incentivam um comportamento menos regrado, imoral ou promíscuo. Agora, se o objetivo for encontrar diferentes respostas dadas pelas religiões à questão da homossexualidade em contexto contemporâneo, é possível dizer, com base no caso dos ensinamentos dados nos eventos de mulheres, que a adequação do gênero e da sexualidade possibilita, para os insatisfeitos, a reescrita da história de vida. Mas deixo uma pergunta: De onde vem essa insatisfação? Quem ensinou a tais indivíduos que eles estão errados?

Na Lagoinha, observei que a construção de uma carreira evangélica pode ocorrer sem que o processo de transformação esteja completamente terminado, como visto no exemplo acima. Aquela fala provém de uma religiosa que possui uma posição de liderança e destaque no meio da igreja. Atuar em ministérios, portanto, pode ajudar a reforçar ainda mais a autocontenção dos desejos e a castidade. Isto é, em troca das várias alterações que o crente terá que fazer em sua vida, é possível usufruir antecipadamente, como um bom incentivo, da comunhão religiosa.

Mas, ainda que eu tente enxergar as "vantagens" (ao menos religiosas) da rejeição à orientação sexual e a certas expressões de gênero, o Jesus que faz questão dessa mudança, definitivamente, eu nunca conheci.

10. O "feminismo" é do diabo?

O estilo de vida que este século te propõe vai te roubar seus filhos e pode até te roubar o casamento (Helena Tannure).

Certamente as religiosas que pesquisei, ou as pessoas que são muito adeptas a seus ensinamentos, enxergarão meus pontos de vista, as experiências relatadas e os posicionamentos tomados com uma grande pena. "Coitada daquela moça", é o que dirão. Para elas, estou tão perdida que não consigo discernir o joio do trigo;[55] estou com a mente calcificada. Como sei que pensarão assim? Já estive do outro lado. E por causa disso já cometi uma grande injustiça, talvez uma das maiores, ainda que longe de ser a única do meu histórico.

Ainda na igreja, beirando os 15 anos, a melhor amiga da minha irmã, que estava mais ou menos na mesma faixa etária, ficou grávida. Senti uma profunda revolta. O pai da criança era um namorado não evangélico, e isso explicava uma parte da minha indignação. Lembro até hoje das amargas palavras que proferi a ela: "Você está acabando com a sua vida." Ela se casou pouco tempo depois. Não me lembro bem, mas imagino que tenha sido de alguma forma penalizada pelo pecado do sexo antes do casamento. Na igreja que frequentávamos, o impedimento na participação da ceia era uma das possíveis punições.

Ela teve o filho, mas perdemos o contato. Passaram-se aproximadamente 20 anos. Ela se divorciou. Acompanhando-a pelas redes sociais depois de nos reencontrarmos, observei que ela teve relacionamentos posteriores. Não sei se continua evangélica, mas parece feliz.

Ah, a vida dela? Acho que não se destruiu. Meus preconceitos, no entanto, demoraram inúmeros episódios após aquele para começarem um longo e árduo processo de corrosão. Muito tempo depois, tive um relacionamento amoroso conturbado. Uma amiga me deu semelhante alerta, dizendo que, caso eu desse prosseguimento àquele romance, eu acabaria com a minha vida. E sinceramente? Aquela vida que eu vivia realmente acabou ainda que mediante o aviso, que foi sumariamente ignorado. Só eu sei como me reergui daquele envolvimento.

Mas o que mais me espanta em tudo isso não são as vidas que porventura se destroem, mas o que mulheres são capazes de fazer umas com as outras. Geralmente disputando parceiros, invejando o sexo ou a felicidade alcançada pela outra, romantizando os percursos profissionais que não são seus, dando conselhos com a "melhor" das intenções. Solidariedade nem sempre se vê.

E é a essa conclusão que chego quando minhas pesquisadas mencionam o que elas chamam de "feminismo". Devido à amplitude e à capilaridade que os discursos de Valadão alcançam, ela e as demais líderes viralizam equívocos sobre os movimentos de mulheres, propagando a ideia de que o feminismo vai acabar com a sua vida.

O único feminismo que elas conhecem

A primeira vez que ouvi Valadão mencionar o feminismo foi em 2011, no primeiro congresso de mulheres que ela organizou. Essa foi uma importante ocasião na qual ela defendeu taxativamente o jeito de ser feminino que apresentei no capítulo dois. Também quando conversei pessoalmente com ela e em outras ocasiões posteriores percebi que ela e as demais preletoras possuem a mesma concepção de feminismo que a maioria das mulheres que conheço.

Em geral, as pessoas entendem que o feminismo é uma ideologia de liberdade da mulher e o relacionam aos movimentos contraculturais dos anos 1960-1970. Porém, dá-se várias interpretações às conquistas adquiridas. Há quem seja menos conservador e atribua ao feminismo o direito de votar, estudar, trabalhar e escolher os parceiros afetivos, e há quem saiba que houve luta e aprecie um ou outro ponto das consequências advindas, mas questionando os benefícios da nova posição social da mulher. É neste segundo grupo que encaixo as religiosas que pesquisei.

Não notei discordância das fiéis em relação ao que Valadão dizia sobre o feminismo, apesar de ela falar que, ao proferir sua pregação, poderia ganhar algumas inimigas. Certamente não era à sua audiência que ela fazia referência. Vestindo saia mídi rodada, meia calça com sapatos de salto estilo boneca e casaquinho marcado na cintura por um cinto, ela se mostrou ciente de seu conservadorismo: "O que nós vamos falar vai contra a mentalidade do século 21, de muitas mulheres que se consideram liberadas." Ela abria os braços com leve ironia. Em seguida, conclamava as ouvintes a pensar o que seria imutável, essência, aquilo que não variaria de geração a geração. E pedia para que elas repetissem umas às outras: "Receba o padrão de Deus. Ele te ensinará a nadar contra a correnteza, porque, no mundo, as mulheres do mundo vão de mal a pior. Mas nós sabemos qual é o caminho que nos conduz à vida eterna."

Fazia, por fim, a seguinte síntese:

> Nos nossos dias, nós temos visto o resultado de uma revolução, uma revolução que transformou a maneira como as mulheres veem a si mesmas, a maneira como as mulheres veem os seus papéis na sociedade, no meio da nossa cultura, na família. Mas percebendo ou não, nós, mulheres cristãs, trazemos para o nosso viver esses padrões que o mundo apresenta como liberdade, conquista da mulher, e que, infelizmente, ao final, esta satisfação que a revolução feminina no mundo trouxe, no final, ela traz mulheres à desilusão, às feridas e a uma terrível escravidão. Hoje, nós ouvimos nos gabinetes pastorais, muitas vezes, em atendimentos psicológicos, às vezes, enfermidades até no corpo, na vida de mulheres que estão exaustas de tentar conciliar as demandas do trabalho e da família. Mulheres que estão desesperadamente solitárias. Mulheres que se sentem presas em casamentos infelizes. Mulheres que lutam contra um sentimento duplo, de esperança e desespero. Mulheres que vivem sobre

um peso esmagador de culpa e de fracasso. Mulheres que estão lutando para encontrar um senso de propósito no meio da sua rotina diária. Mulheres que nunca souberam o que é ter relações plenas, construídas sobre um amor, um amor mútuo e compromissado. Mulheres que vivem com um medo, um medo paralisante, uma ansiedade crônica. Este é o quadro das mulheres que passaram pelos valores dessa revolução feminina e que, infelizmente, observamos dentro de nós mesmas, mulheres cristãs.

Ela continuava afirmando que é só o encontro com Jesus que pode promover a verdadeira liberdade, a felicidade e o brilho nos olhos.

Segundo o que é pregado, o feminismo é uma teoria filosófica com doutrinas e regras criadas com o intuito de estabelecer uma sociedade sem a distinção bíblica dos gêneros e sem prescrições específicas para homens e mulheres. Implicaria a eliminação da divisão sexual do trabalho que, em última instância, teria como consequência, ainda que não diretamente intencional, a luta contra a família, base da sociedade. Seria, portanto, uma luta contra Deus. Como visto no capítulo anterior, as líderes que pesquisei acreditam que a não diferença entre os gêneros é uma distorção que traz prejuízos às mulheres, visto que elas não foram feitas para fazer as mesmas coisas que os homens, muito menos para acumular os papéis masculinos juntos dos femininos. Prega-se que Deus fez homens e mulheres de modo complementar, a fim de formar uma unidade, assim como a da Trindade divina.

Essa concepção de feminismo é errônea. As ideias feministas são muito heterogêneas; reduzi-las a uma coisa só é uma simplificação tão grosseira quanto dizer que o que escrevo neste livro expressa a opinião e as demandas de todas as mulheres evangélicas. Da mesma forma que uma pessoa religiosa teria absoluta facilidade em enxergar tal disparate, alguém que conhece a pluralidade das lutas das mulheres também.

Um dos feminismos[56] mais popularmente conhecidos é chamado de "liberal" e alinhou feministas preocupadas principalmente com o direito ao voto das mulheres, os salários desiguais e o sexismo. As desigualdades são pensadas como sendo causadas por múltiplos fatores, mas não por um sistema ou estrutura maior.

Outro grupo importante é o de "feministas radicais". Possivelmente a antipatia de boa parte, inclusive de mulheres, em relação ao feminismo se deve a esta perspectiva, que vê no patriarcado (sistemática dominação das mulheres pelos homens) a fonte da desigualdade e da competição. Embora o patriarcado atualmente tenha sido repensado, os estudos mais marcantes desta corrente, que datam do início dos anos 1970, o entendiam como um fenômeno universal reproduzido pela família. A família seria a fonte principal da opressão feminina, por explorar a mulher em serviço doméstico (feito de forma gratuita) e lhe negar o pleno acesso a posições sociais de poder e influência. As mulheres, por serem as únicas biologicamente capazes de gerar uma vida, seriam controladas pelos homens na reprodução e na criação dos filhos.

O "feminismo socialista", por sua vez, guarda semelhança com o anterior, mas apresenta um argumento que o difere – a subserviência das mulheres tem por trás fatores materiais e econômicos próprios às sociedades capitalistas. O poder é concentrado principalmente nas mãos de um pequeno número de homens e, mais importante do que isso, para que a economia possa ser sustentada, consumidores precisam ser definidos e persuadidos de que suas necessidades só serão satisfeitas por meio de um consumo cada vez maior. Geralmente esses sujeitos consumidores são as mulheres, que trabalham de graça em casa, enquanto seus maridos recebem salários baixos. Para pessoas alinhadas a essas ideias, a única solução seria a revolução socialista, que acabaria com a "escravidão doméstica" e introduziria meios coletivos para o cuidado com a casa e a criação dos filhos, ou seja, reestruturaria a família.

Ainda que existam inúmeras outras vertentes do feminismo, por exemplo, a que defende não haver nenhuma categoria universal como "mulher", é importante dizer que vem sendo cada vez mais frequentes os movimentos que advogam que se leve em conta a diferença abismal de experiências sociais que as mulheres (para citar apenas uma categoria) podem passar.

O que é chamado de "feminismo negro" mostra que mulheres brancas e de classe média, que formaram o rosto da maior parte dos feminismos por décadas a fio, têm reinvindicações e sofrimentos diferentes das negras. Para mencionar apenas uma distinção, a influência massacrante da escravidão e da segregação racial, para estas últimas, faz com que a família possa representar um espaço fundamental de solidariedade contra o racismo em vez de um suporte ao patriarcado. Elementos, tais como etnicidade, classe social e sexualidade também são profundos marcadores das variadas vivências que as mulheres enfrentam e que nem sempre formam os mesmos conjuntos de reinvindicações e opiniões.

Outra particularidade do feminismo pode ser vista se olharmos para esse movimento no Brasil.[57] Farei isso de maneira muito resumida. Um recorte cronológico, não necessariamente tentando identificar as correntes acima (que seriam mais bem vistas em uma abordagem transversal), mostra que as mulheres foram atrizes historicamente importantes desde as lutas pela independência do país.

De meados de 1850 em diante, nomes como o de Nísia Floresta Augusta figuraram entre os que reivindicavam pela educação das mulheres para além das prendas domésticas. Inúmeras outras estiveram presentes nos movimentos abolicionistas e republicano, como Maria Firmina dos Reis, Chiquinha Gonzaga e Maria Amélia de Queiroz. A imprensa alternativa feminina data da mesma época, mas, embora defendendo a educação e a profissionalização das mulheres, ainda era marcada pelo moralismo conservador segundo o qual elas eram as responsáveis, dentro do lar, pela formação cidadã dos indivíduos (eram as "mães civilizadoras").

No início do século 20, começou a luta sufragista no Brasil e a busca das mulheres por mais espaço na vida política. Maria José Rebello, por exemplo, foi aprovada em concurso público como a primeira mulher a ocupar um cargo diplomático no Itamaraty. Em 1922, foi fundada a primeira entidade feminista com notoriedade nacional e internacional – a Federação Brasileira pelo Progresso Feminino. Mas foi apenas na década seguinte que as reivindicações das mulheres por melhores condições de trabalho e equiparação salarial, que tinham fundo comunista e anarquista, se destacaram, dado que a luta pelo voto fora travada pela burguesia e pequena burguesia.

De 1950 em diante, o cenário nacional foi marcado pela busca por anistia a presos e exilados políticos, democracia e paz mundial. Nos anos 1960, as mulheres brasileiras resistiram à ditadura militar, abordando questões relativas à censura, ao custo de vida, aos salários baixos, à segurança alimentar e à escassez de creches. Na década de 1970, o movimento feminista se constituiu como um sujeito coletivo e pautou-se o divórcio, o aborto, a violência sexual, a contracepção e o planejamento familiar.

De 1980 até os dias de hoje, reforçou-se a comunicação feminista, como, por meio de jornais, as mulheres começaram a galgar mais espaço na política partidária, e surgiram inúmeros grupos de mulheres organizadas, como ONGs, conselhos e delegacias de proteção feminina. Além disso, foram elaboradas políticas públicas e ações afirmativas com vistas a combater a discriminação, garantir a saúde e a reprodução das mulheres e promover a cidadania. As pesquisas sobre o feminismo se institucionalizaram nas universidades, dando origem a grupos de estudos e eventos diversos que, alinhados à Constituição Cidadã da redemocratização de 1988, fazem parte do longo e árduo processo de consolidação das lutas das mulheres em direitos.

Minhas pesquisadas jamais falaram sobre quaisquer desses pontos abordados.

Mulheres poderosas, homens bananas

Nos discursos que analisei, a única comparação que observei foi feita com o contexto dos Estados Unidos. De acordo com a conferencista Devi Titus, o feminismo de lá foi um movimento elaborado por 24 mulheres que, em 1963, se reuniram para estabelecer uma estratégia de como eliminar os papéis tradicionais de gênero que vigoravam em sociedades patriarcais. Ela conta que essa reunião deu origem ao que ficou conhecido como *Freedom Trash Can* (1968) — marcha de ativistas que culminou na ação de jogarem cílios postiços, utensílios domésticos e sutiãs em uma lata de lixo.

Segundo Titus, a luta pela igualdade de gênero nos Estados Unidos foi bem distinta da que se deu posteriormente no Brasil. Ela afirma que, por lá, a revolta das mulheres teria representado uma luta contra Deus e contra a família (núcleo da nação estadunidense). Já por aqui, as mulheres "de fato" teriam sofrido opressão e atualmente estariam mais espiritualizadas do que as conterrâneas de Titus.

Valadão interpreta que o movimento feminista, ainda que possa ter cooperado para que se reconhecesse o valor das mulheres, originou mulheres sem ternura, autoritárias, disputando constantemente o poder, desatentas e sem meiguice. A contrapartida é de homens sem lugar na sociedade, omissos, descuidados, insensíveis, rivais e que não apoiam nem fornecem segurança. O feminismo seria o responsável por caracterizar os homens como bobos e sem inteligência.

Embora Valadão não negue que o feminismo foi o grande responsável por dar às mulheres o direito do voto, legitimar a inserção delas no mercado de trabalho e fomentar o reconhecimento de vários setores sociais quanto às patentes desigualdades de gênero, ela afirma que muitos valores conservadores, que supostamente podem proporcionar a felicidade da mulher, como a valorização tradicional da família, se perderam nesse processo. Ademais, aquilo que a ousadia das mulheres supostamente não pode conquistar, Jesus já teria feito na cruz. Valadão chama as fiéis para depositarem aos pés de Deus todas as conquistas femininas, e deixarem que Ele mostre o quê, daquilo que foi obtido, é realmente bom ou não.

Para a preletora Ilma Cunha, que pregou algumas vezes nos eventos femininos a convite de Valadão, há um propósito maligno por trás das lutas femininas. Ela diz:

> A independência feminina tem sido vista não apenas na participação da mulher no mercado de trabalho, mas na dificuldade de assumir seus papéis. As produções independentes, filhos nascendo fora da proteção do casamento, evidenciam o plano do inferno de destruição. Muitos homens estão se sentindo inadequados na responsabilidade familiar nesse mundo do hedonismo e pouco valorizam também os vínculos familiares. Quando uma mulher usurpa a autoridade de um homem, ela faz amizade com o inimigo e vai ter aquele poder que Satanás quer dar para toda mulher. Quando uma mulher usurpa o poder, ela realiza o que Lúcifer quis fazer no Céu e que por isso foi expulso. Sua jurisdição de poder vem das trevas, da rebelião e da feitiçaria. E eu

creio que é a mesma ação maligna que iniciou o movimento feminino com esse discurso: "Nós não precisamos de homem." Esse discurso é maligno. "Trabalhamos, nos sustentamos, somos capazes de viver independentes e, o dia que quisermos um filho, é só escolher um espécime ou ir lá num banco de fertilização." E o propósito do inimigo é que haja um completo menosprezo à figura masculina, descaracterizando a autoridade outorgada por Deus. E a própria cultura, a contracultura, tem feito um trabalho muito efetivo e muito sutil nas mentes. Do filme do poderoso Tarzan, o machão que defendia a floresta e sua mulher, até o banana do Homer Simpson.

Algumas vezes, ouvi menções diretas aos eventos envolvendo o reconhecimento dos gêneros e das sexualidades. Em uma de suas pregações, Valadão criticou a campanha do orgulho gay. Segundo ela, trata-se de uma homossexualização de todos os gêneros da sociedade. As pessoas estariam sendo ensinadas à prática da homossexualidade, que seria algo pervertido, segundo os escritos bíblicos. A fonte do ato seriam as cidades de Sodoma e Gomorra, que tinham uma moralidade considerada depravada para a época e o contexto histórico. Valadão não reconhece, em nenhuma parada ou manifestação LGBT, a luta pela aceitação da diferença de gênero e/ou sexual e a luta pela garantia de direitos. Muito menos pensa em termos de identidade de gênero. Ela, assim como diversos outros evangélicos, cuja lista seria grande, pensa que o que está por trás é uma doutrinação da população e um incentivo a uma sexualidade que contraria a norma hétero.

Religião e política

Uma das claras concepções defendidas por Ana Paula Valadão ao longo dos vários anos em que a pesquisei era que os evangélicos deveriam ter uma inserção estratégica na sociedade – na mídia, nas artes, na política, nas associações comunitárias etc., a fim de impedir que outros atores, como os homoafetivos, pudessem infiltrar seus valores e crenças em crianças e adolescentes.[58]

Em 2013, surgiu uma série de manifestações da sociedade civil em várias cidades brasileiras. Os levantes foram chamados de Jornadas de Junho. Ocorridos na época da Copa das Confederações, o pano de fundo era: o apelo da população contra a construção da usina hidrelétrica de Belo Monte, os grandes gastos financeiros para receber a Copa do Mundo de Futebol (incluindo a remoção forçada de famílias em determinadas áreas), a repressão das manifestações de jovens em várias cidades e o assassinato de indígenas quando da desocupação de terras no estado do Mato Grosso.[59] A primeira pauta articulada pelos protestos foi contestar o aumento nas tarifas de transporte público. Posteriormente, temas como a precariedade dos serviços do Estado e a corrupção política entraram em cena com mais força. Foi o esgotamento dos canais comuns de participação da sociedade civil.

Na ocasião das manifestações, Valadão, juntamente com seu esposo e seu pai, criticou a violência empregada por alguns manifestantes e policiais. Compreendendo parte dos levantes como decorrentes de anarquia e desordem, interpretou que se tratava da ação do inimigo. Problemas na área da saúde, miséria e injustiça social foram considerados decorrentes de guerras contra demônios que precisavam ser combatidos. Assim, a cantora orientou o público a apoiar as marchas pacíficas, mas serem cidadãos sem deixar de ser cristãos. Valadão orava para que as mulheres pudessem ser levantadas por Deus para mudarem a história do país. Repreendia espíritos de apatia, sono, fadiga e corrupção. E tinha clareza que seu discurso não era meramente político, mas espiritual.

Firmada nessa concepção, naquela época, Valadão se reuniu com outros líderes evangélicos a fim de "reativar" bênçãos que já teriam sido "liberadas" para o Brasil. O encontro foi parte de um projeto da cantora a fim de mobilizar figuras religiosas de impacto para jejuar e orar por 21 dias em favor do país. O encerramento desse período se daria com um encontro, que aconteceu em julho, em Brasília, no qual seria realizado um ato profético no centro político. Coincidentemente, ela e outras líderes cantoras e/ou pastoras foram convidadas pela bispa Sônia Hernandes, fundadora da igreja neopentecostal Renascer em Cristo, a se reunir com a presidente Dilma Rousseff, no mesmo dia em que findavam o referido período de jejum e oração. Em face das manifestações, Rousseff realizava uma rodada de encontros com os representantes dos movimentos sociais.

As evangélicas foram enquadradas na agenda e, ao contrário de muitos dos que foram a ela, as religiosas nada pediram. Não organizaram ou lançaram mão de nenhuma pauta reivindicatória.

Disseram que foram apenas doar, isto é, apoiar fazendo orações. Valadão narrou o encontro da seguinte forma:

> Assim que ela [Rousseff] entrou, nós estendemos nossas mãos e começamos a cantar: "Sobre tua vida vou profetizar, nenhuma maldição te alcançará." [...] E nós poderíamos ali conversar de tantos assuntos, mas aquela agenda não era uma agenda política. Aquele momento foi o primeiro encontro dela com evangélicas. [...] Ela disse: "Vocês precisam vir para minha sala orar." E nós saímos daquele lugar e fomos ao gabinete da presidente [...]. Saímos ungindo todos os móveis, os enfeites. E tinha uma Bíblia aberta atrás. E ela ficou muito impressionada com algumas palavras [...], e ela disse: "Sua terra sararei." Ela repetiu três vezes: "Sua terra sararei" [...]. E eu sei, há tantas coisas que nós poderíamos ter falado com ela. Presidente, nosso Brasil precisa se posicionar a favor da família, a favor da vida, contra o aborto. Sim, há tantas agendas políticas que nós poderíamos falar com ela, [...] mas nós temos paz no nosso coração, eu e cada uma de nós que estivemos ali, de que fizemos o que o Senhor queria que fizéssemos. [...] O que eu peço ao Senhor é que a porta permaneça aberta, para que os profetas do Senhor entrem e se tornem como Daniel – conselheiros diante do rei.

A postura em face das reivindicações e do encontro com a então presidente, para participantes de movimentos sociais, causa desespero. Afinal, não houve qualquer proposição. As orações realizadas foram feitas acreditando-se que é possível, desta forma, diminuir os problemas sociais do país. Mas a meu ver, essa foi apenas uma das faces de um projeto de inserção, cristianização e moralização evangélica da sociedade.

Se em 2013 o encontro com Rousseff se restringiu ao suporte espiritual, em meados de 2014, Ana Paula resolveu declarar explícito apoio à ex-senadora da república Marina Silva, na ocasião de sua candidatura à presidência, decorrente do falecimento do candidato Eduardo Campos (PSB), do qual era vice. O apoio a Silva era compreensível, uma vez que a conhecida filiação da candidata à Assembleia de Deus estava aliada a seu posicionamento pessoal contrário ao casamento homoafetivo e à descriminalização das drogas e do aborto, ainda que ela costumasse ser vista defendendo que o Estado é laico.

Em 2018, Valadão fez campanha para o então eleito presidente Jair Messias Bolsonaro, que ficou marcado por controversas falas classificadas como homofóbicas, machistas e racistas por variados meios de produção do conhecimento e da comunicação.[60] Bolsonaro é de origem católica, mas foi batizado por um pastor evangélico no rio Jordão e ganhou o apoio de várias figuras notórias do segmento, como o pastor Silas Malafaia e o bispo da Igreja Universal, Edir Macedo.

Valadão interpretou a vitória eleitoral de Bolsonaro como uma ação de Deus para transformar o Brasil.

Ainda assim, no plano prático, permanece a conformação e a resignação de Valadão e das demais líderes à liderança politicamente instituída e às condições sociais impostas. Uma das músicas mais comoventes compostas pela pastora ilustra como, no final das contas, o foco da fé é o indivíduo, regado pela crença e esperança na ação divina:

> Na dor | Na aflição | Quando não vejo solução | Digo a mim mesmo, minh'alma espera em Deus | Abro meus lábios e creio | Mesmo contra a esperança | Creio em um Deus pra quem tudo é possível | Creio em um Deus que tudo pode mudar | Creio em um Deus que fez o céu, a terra e mar | Todo-Poderoso, mas que é fiel pra se importar comigo | Se importa comigo | Se importa comigo | Se importa comigo | Creio | Eu creio até o fim | Creio | Aqui não é o fim | E se eu não vir minha vitória aqui | Coroa de glória | Creio, é o que me aguarda ali | Creio, aqui não é o fim | Eu creio, eu creio até o fim (música: Creio, Diante do Trono).

A contrarrevolução feminina

Em um dos encontros de mulheres, Valadão fez a seguinte pergunta: "Como ser referência em relação a toda uma cultura corrompida?" Ela defendia que as mulheres "se firmassem" no que

Deus colocou na Bíblia. Os padrões das revistas femininas, dos salões de beleza, das telenovelas e dos filmes seriam mentirosos, estratégia de *marketing*, imposições nocivas que visam dar apenas visibilidade à moda, aos estereótipos anoréxicos e aos casamentos falidos.

A pastora conclamava as fiéis a voltar aos valores de Deus, que valoriza a vida acima de tudo. E dizia: "Nós precisamos segurar as rédeas dessa sociedade, precisamos voltar aos marcos antigos dos nossos pais, à Palavra de Deus, que é eterna, verdadeira, que não muda." Calorosa em seus conselhos, explicava que os crentes não são deste mundo, portanto, não devem tomar a forma do século.

Ilustrando a depravação moral da sociedade com o caso do aborto, Valadão disse uma vez:

> Você sabia que as leis no Brasil, numa sociedade, estão sempre andando atrasadas? Sabe por quê? Porque primeiro é preciso haver um consenso na sociedade para que uma lei seja estabelecida. Então, se nós não queremos que a lei a favor do aborto seja estabelecida no nosso país, então o que precisa acontecer é que a sociedade precisa andar para trás. E sabe o que é que pode fazer com que nossa sociedade seja protegida desses invasores, dessas agressões contra a família? Você, mamãe, você, papai. É na educação das crianças dentro de casa que nós colocamos a guarda nos muros da nação.

Enfatizava-se a importância das mulheres de Deus para o exército espiritual a ser levantado para andar na contramão do mundo. Esse exército foi referido, sobretudo por Titus, como a contrarrevolução feminina. A também chamada "nova revolução feminina" seria a favor da "verdadeira" liberdade e felicidade a ser conquistadas. Nas palavras de Valadão:

> Estamos vivendo tempos em que uma nova geração de mulheres está sendo levantada. [...] Nós cremos numa revolução silenciosa que vai mudando o modo de pensar e de agir. Mulheres curadas na alma, que são instrumentos de cura para a sua casa, para a igreja e para a nação. Mulheres que não querem tomar e assumir o lugar dos homens, mas querem levantá-los para que eles assumam seu próprio lugar. Mulheres cansadas dos fardos pesados que a revolução feminista nos fez carregar. Mulheres que não vão às ruas queimar os seus sutiãs querendo liberdade, mas que conquistaram seu espaço através de um espírito dócil, excelente e de oração. Quantas mulheres aqui fazem parte desta geração levantada por Deus para brilhar neste mundo escuro, para revolucionar o que é ser mulher no Brasil? [...] Se você está aqui, se você está me assistindo agora, eu não tenho dúvidas de que você já foi arrolada para este exército.

Em outro evento, Helena Tannure também afirmou:

> A melhor arma que a mulher tem não é ficar erguendo o punho e querendo ser um homem. Saindo andando de perna aberta, fumando, bebendo mais que os homens. Sai cuspindo marimbondo, xingando o motorista, dirigindo igual um animal, e fala: "Eu sou livre para fazer o que eu quero." Que bom... Você conquistou isso para a gente, movimento feminista? Então eu vou usar a minha liberdade para voltar ao plano original, ao plano de Deus para a minha feminilidade.

Tannure era ovacionada pelas fiéis.

A contrarrevolução feminina pode ser interpretada como uma espécie de contrapoder maternal, força passível de ser exercida pelas mulheres e à qual se referiu a socióloga Maria das Dores Campos Machado, em alusão aos estudos de Zaíra Ary.[61] Segundo Ary, ao contrário de Eva, que no imaginário católico, e não só nele, é uma figura frágil, sedutora e vulnerável, Maria, diferentemente, aparece revestida de uma superioridade moral oriunda da pureza, da benignidade e da força, tributárias de uma posição assexuada. Para Machado, o grande impasse desse contrapoder é que ele em nada ameaça o sistema hierárquico que reserva aos homens as posições de destaque nas esferas pública e privada.

Embora o contrapoder que posso tributar às evangélicas objeto da minha pesquisa não se paute exatamente nos mesmos atributos citados, a superioridade moral delas é similar. Elas cuidam dos filhos e do lar, além de serem caladas, persistentes oradoras e manterem uma postura de submissão. Por causa disso, não posso interpretar que esse contrapoder represente um avanço no que tange ao processo de desocultamento histórico das mulheres. Ao contrário, eu apostaria mais no reforço do silêncio e da invisibilidade delas.

Meu olhar feminista, afinal

> É muito importante o mundo se lembrar dos direitos das mulheres, dos direitos de sermos respeitadas, amadas. E a Bíblia fala com tanto carinho para nós. Jesus elevou a dignidade e o valor das mulheres. Jesus é esse Senhor maravilhoso para nós mulheres. É por isso que nós podemos comemorar (Ana Paula Valadão).

É acionando uma noção de direitos pautada no amor e no reconhecimento da soberania de um ente divino, e não propriamente na construção de uma cidadania, que Ana Valadão acredita na transformação das mulheres. E ela acrescenta: "Mulheres são a base da família. A família é a base da sociedade. Curar a sociedade passa pela cura das mulheres." Destaquei esses trechos, mas poderia ter dado expressão a tantos outros. O universo que pesquisei é riquíssimo e a abordagem que propus passa longe de esgotá-lo.

Neste livro, conservei parte das interpretações que fiz em pesquisas anteriores e permaneço na dúvida se uma parte dos ensinamentos ministrados deveria ser transmitida à revelia a um número tão grande de pessoas, com experiências sociais sobremodo distintas. Por exemplo, mulheres que passam mais de duas horas em transporte público por dia, não têm ajudantes ou rede de apoio para cuidar das tarefas domésticas e dos filhos, e ganham entre um e dois salários mínimos, não podem ser comparadas a mulheres que chegam na igreja em carro próprio, possuem empregadas e fazem viagens internacionais de férias com a família.

Outro ponto. Falar sobre sexo é muito importante em um país cujos projetos voltados à educação sexual e de gênero são constantemente barrados, suscitando uma reação agressiva por parte de setores conservadores; vide as controvérsias envolvendo o chamado *kit gay*,[62] que seria distribuído nas escolas. Porém, não falar do uso de preservativos ou outros métodos contraceptivos pode indicar o entendimento de que determinado casal conservará a virgindade até as núpcias e não terá, posteriormente, relações extraconjugais. Ledo engano para quem conhece minimamente o meio evangélico e seus casos de gravidezes antes dos casamentos e adultérios, inclusive de pastores.

O planejamento familiar pode até existir, mas entende-se que ter filhos é algo natural, que não deve demorar muito para acontecer e, de preferência, que não seja apenas um. Nada ouvi sobre famílias desestruturadas financeiramente ou pais que precisam optar por escolas mais baratas ou mesmo públicas por razões de economia. O aperto financeiro deve ser só coisa aqui de casa mesmo.

As relações não heterossexuais são completamente condenadas pelas evangélicas que pesquisei, de modo que gays e lésbicas são levados a uma completa negação de si, o que interpreto como uma ação de violência contra suas identidades e seus direitos, mesmo que alguns deles não vejam assim. O mesmo pode ser dito sobre o aborto. E, cá para nós, quem dera os evangélicos se candidatassem para a adoção com o mesmo vigor que lutam pela proibição da interrupção voluntária de uma gravidez. Talvez pudessem salvar a alma dos que foram abortados já estando em vida.

Um pensamento que reconsiderei, contudo, foi sobre a posição das mulheres em relação aos maridos e ex-maridos. Quando defendi minha tese, eu achava um absurdo a postura rebaixada, silenciosa e servil que elas deveriam adotar. E ainda acho. Mas eu tive uma filha, e isso me fez entender a importância da relação dela com o pai e o fato de que, muitas vezes, a dita postura é mais poderosa que qualquer outra coisa para evitar discussões e brigas. Um acordo pernicioso com o machismo? Talvez.

Fato é que uns nove meses depois do meu parto, passei a morar em uma casa diferente da do meu marido. Reconstruímos muitas coisas em nosso relacionamento com essa distância que, para a gente, foi não só saudável, mas uma questão de sobrevivência. Porém, com isso, tive que fazer escolhas sobre o que transmitir à minha filha. Um dia estávamos nós três na minha casa, e o pai dela estava muito cansado. Foi embora, mas ela não prestou tanta atenção na despedida. Algum tempo depois, ela me chamou. "Mamãe, onde está o papai?" Eu disse: "Filha, ele está descansando agora." Passaram-se alguns minutos. Ela voltou correndo de dentro do quarto. Olhou-me preocupada. "Mamãe, o papai sumiu. Ele não está lá no quarto." Abaixei na altura dela e disse: "Lembra que ele se despediu agora há pouco? Ele foi para a casa dele, para descansar." Eu falava de maneira firme e segura, mas meu coração estava em pedaços.

E não foi apenas esta a ocasião na qual precisei explicar que o pai não estaria o tempo todo conosco nem disponível. E pensei nas mulheres que terminam um casamento. E nas que criam seus filhos sozinhas. E, por fim, nas que embarcam em outra relação buscando a felicidade não alcançada na anterior. Passei a omitir certas coisas, e acho que encobrirei outras na medida em que ela for percebendo que sua configuração familiar não é como a da maioria dos seus coleguinhas da escola. Com sorte, torço para que ela se crie com uma autonomia suficiente para fazer da menção a algumas das minhas experiências algo completamente inútil.

Também reconsiderei minha posição sobre as orientações relativas à criação de filhos. Na verdade, os primeiros trabalhos que desenvolvi sobre Valadão e o Diante do Trono nem tocavam muito nessa questão. Aprendi bastante com o que ouvi, e reconheço que alguns ensinamentos são transmitidos de maneira bem amorosa. Mas a despeito disso, também ouvi constantes explicações espirituais, cujas consequências práticas, mesmo que não sejam intencionais, são formas de vigiar e controlar os corpos, principalmente o das mulheres, para que se mantenha o *status quo* da dominação masculina ou, no mínimo, da inferiorização do ser mulher.

Percebi que a religião é certamente uma das maiores forças que já conheci para transformar vidas. Mas a liberdade que ela promove é a que está em Cristo Jesus[63] e não nenhuma outra.

Conclusão

Este livro, embora fruto de muita pesquisa e diálogos estabelecidos por anos, foi produzido em uma maratona de escrita de um curso promovido por Fabiana Bertotti – adventista, jornalista, escritora, missionária e mais alguns títulos que me faltam na memória. Junto a tantos outros alunos, escrevi por pelo menos três horas por dia, e me exauri, porque a vida não parou para me dar tempo. Fiquei fisicamente doente durante o processo, e minhas mazelas de alma também deram suas caras. Mas sou muito grata a essa mulher, assim como a Valadão e a tantas outras evangélicas por, de alguma forma, terem mudado a minha vida.

Durante a escrita, revi anotações e reassisti a inúmeros eventos. Foi como entrar em um sonho entrecortado por pesadelos. Pois eu havia me esquecido de várias das boas coisas que ouvi e presenciei, mas também das muitas angústias que enfrentei durante a pesquisa. Lembro-me com total clareza do dia em que encerrei o trabalho de campo na Lagoinha. Era agosto de 2014, após o fim do congresso de mulheres daquele ano. Cheguei em casa, e disse ao meu marido: "Ou essas mulheres estão muito erradas, ou sou eu." Foi a minha primeira grande crise com o objeto que eu estudava.

Agora, quatro anos depois, me dedicar a este livro rendeu dias de transtorno e tristeza profundos. Foi difícil escrever sobre família, filhos, sexo e ver agora, com mais clareza, as muitas pressões sociais a respeito. Eu não me encaixo nos padrões convencionais, e embora esteja em paz com minhas escolhas, não sou imune ao peso delas. Por isso, colocar no papel minhas opiniões foi me desnudar para mim mesma e encarar-me, me aceitar mais uma vez. E eu me revi ao longo do processo. Quem eu era antes das religiosas que estudei, a partir delas, e quem me tornei depois. Reconciliei-me com muitas das minhas certezas e joguei outras tantas pelo ralo. Algumas inclusive religiosas que ainda restavam no meu coração.

Como me sinto agora? Livre para seguir adiante.

A pergunta que abre este livro – "mulher, pra que religião?" – é uma indagação que me segue há bastante tempo. Eu poderia encerrar esta conversa com uma resposta baseada em todas as reflexões feitas até aqui. Mas prefiro compartilhar uma imagem que apareceu na minha mente enquanto eu fazia minha filha dormir de novo após tomar uma mamadeira, para que ela curtisse umas horas de sono extra na manhã de um recesso escolar, já que havia dormido tarde na noite anterior.

Pensei em Rafael Faria Basile. Um amigo querido que fiz na igreja, um pouco incompreendido pelo mundo e sobremodo indignado com a sociedade que o cercava. Questionador. Intrigado. Inteligente. Irreverente. Com a autoestima oscilante, um garoto de classe média, que buscava conquistar as meninas mais bem aparentadas da igreja e quase nunca saía das investidas com muito sucesso. Um dia, fiquei sabendo que estava noivo. Estudara Direito, se tornara doutor e era aquele professor de universidade estimado por seus alunos. Desfecho feliz, não fosse ele ter tirado a própria vida, lançando-se do último andar de um prédio comercial de um movimentado bairro da cidade.

Basile, como o chamávamos, entregou-se aos rios da vida. Deu por vontade própria aquele salto no escuro ao qual tanto tememos. Deitou-se nas correntezas das desilusões. Seguiu o curso das águas profundas. Mergulhou ou deixou-se levar, não sei. Não estive com ele nos últimos anos, mas chorei sua morte como se tivesse estado. Não sei o que se passava em sua mente nos minutos antes do salto, nem no planejamento de tão grande feito. Mas sei que, para enfrentar as aleivosas ondas dessa jornada, certas pessoas usam boias, outras se apegam a grandes barcos; algumas focam nas parcas luzes dos faróis. Sejam esses aparatos a sociedade, o conhecimento, as leis, as convicções morais, os afetos, as conquistas materiais e por que não a religião, quem permanece por aqui precisa se apoiar em alguma coisa. Então, faço novamente a pergunta – pra que religião? Porque o mar está aí para todos e há que se sobreviver, ainda que haja quem se apoie em âncoras que levam seguramente ao vasto fundo.

Agradecimentos

Agradeço à equipe de edição, revisão, diagramação e arte gráfica, que trabalhou no meu livro em função da conquista do concurso cultural que fazia parte do curso "Escrevendo meu primeiro livro com a Fabi Bertotti". Agradeço ao escritor Jacques Fux, pelo café e sugestões dadas com tanto carinho para que eu me soltasse na escrita não acadêmica.

Às leituras feitas por duas estimadas pessoas – minha amiga de alma, Mariah Casséte, e minha vizinha e irmã recém-adquirida, Débora Tavares. Às mulheres do meu sangue e coração – Geraldine Rosas, minha irmã (e à sua família), e Sônia Braga, minha mãe. Às amigas muito mais que especiais – Yumi Garcia, Fernanda Cimini, Rarena Rodarte, Renata Luísa e Thaíse Vilaça. Aos amigos (e a seus agregados) feitos no Colégio Batista Mineiro, aos meus colegas de trabalho e aos alunos da Universidade Federal de Minas Gerais.

Aos meus alunos mais próximos: Francisco Souza, Bernardo de Araújo, Milton Neto, Maria Bárbara Figueira, Luiz Eduardo Pinto, Eugênio Rocha, Juliana Martins e Priscila Cavalcante. Obrigada por terem me escolhido.

Ao Cláudio de Castro Corrêa, meu Jean-Paul Sartre; seguiremos juntos. Ao meu parceiro de trabalho e outras aventuras, Jerônimo Muniz. À querida Paula Melo e aos seus preciosos filhos. Aos meus familiares, sobretudo à minha tia Anísia, pássaro que aos 55 anos alcançou a liberdade. À minha avó, por ter escolhido ter meu pai. A ele, Marco Rosas, inspiração para toda uma existência.

À Amelie Rosas de Castro, minha filha. Se eu desse a minha vida a seu favor, ainda seria um gesto ínfimo dada a sua importância. Eu te amo e amarei eternamente.

A Deus? Sim. À voz que eu aprendi a chamar quando em meio a muitas trevas.

Notas

1 Fonte: https://www.huffpostbrasil.com/entry/justin-trudeau-blackface_br_5d926b45e4b0ac3cddad34dd. Acesso em 13 de outubro de 2019. A fala citada neste parágrafo também foi retirada desta reportagem.

2 O nome completo dela é Ana Paula Machado Valadão Bessa, mas as menções a ela serão feitas apenas por Ana Paula Valadão, como é mais comumente conhecida. Em alguns dos meus trabalhos, principalmente os que visam um diálogo internacional, opto por chamá-la pelo último sobrenome.

3 Missão internacional e interdenominacional cujo ministério infantil é chamado de *King's Kids*.

4 Veja nota 1.

5 Lésbicas, gays, bissexuais, transexuais e travestis.

6 Fonte: https://extra.globo.com/noticias/brasil/futura-ministra-damares-alves-diz-ter-visto-jesus-em-cima-de-pe-de-goiaba-23300585.html. Acesso em 13 de outubro de 2019.

7 Fonte: https://brasil.elpais.com/brasil/2019/01/31/politica/1548946667_235014.html. Acesso em 14 de outubro de 2019.

8 Fonte: https://noticias.uol.com.br/politica/ultimas-noticias/2019/10/12/nenhuma-menina-introduziu-crucifixo-na-vagina-afirma-damares-em-evento.htm. Acesso em 13 de outubro de 2019.

9 Nina Rosas, "Cultura evangélica e 'dominação' do Brasil: música, mídia e gênero no caso do Diante do Trono". Fonte: https://www.academia.edu/11094827/Cultura_evang%C3%A9lica_e_domina%C3%A7%C3%A3o_do_Brasil_m%C3%BAsica_m%C3%ADdia_e_g%C3%AAnero

no caso do Diante do Trono. Acesso em 18 de novembro de 2019. Alguns trechos dispostos neste livro foram publicados em trabalhos acadêmicos anteriores, mas encontram-se nesta obra repensados e articulados com outras ideias.

[10] Fonte: https://censo2010.ibge.gov.br/noticias-censo?id=3&idnoticia=2170&view=noticia. Acesso em 14 de outubro de 2019.

[11] Fonte: https://datafolha.folha.uol.com.br/opiniaopublica/2016/12/1845231-44-dos-evangelicos-sao-ex-catolicos.shtml. Acesso em 14 de outubro de 2019.

[12] Fonte: https://www.cartamaior.com.br/?/Editoria/Sociedade-e-Cultura/O-fenomeno-evangelico-em-numeros/52/44150. Acesso em 14 de outubro de 2019.

[13] Fonte: http://media.folha.uol.com.br/datafolha/2016/12/28/da39a3ee5e6b4b0d3255bfef95601890afd80709.pdf. Acesso em 14 de outubro de 2019.

[14] Veja mais sobre isso em Gustavo de Castro Patricio Alencar, *Transformação do mundo e engajamento: movimentos protestantes para influenciar a cultura* (tese de doutorado em Sociologia, Universidade Federal de Minas Gerais, 2019).

[15] A palavra *queer*, do inglês esquisito, estranho, foi usada por volta dos anos 1920 para designar gays. Hoje é um conceito guarda-chuva, que compreende pessoas que não se encaixam nas normas hétero, seja em termos de sexualidade ou de gênero/comportamento, e/ou que não se sentem representadas pelas demais categorias, como gays, lésbicas, transexuais e assim por diante.

[16] Sandra Duarte de Souza, "A relação entre religião e gênero como um desafio para a sociologia da religião", *Caminhos*, v. 6, n. 1, 2008, p. 13-32.

[17] Ana Paula Valadão Bessa, *Adoração diante do trono* (Belo Horizonte: Êxodo, 2002); idem, *Verdadeira adoração: princípios de uma vida diante do trono* (Belo Horizonte: Diante do Trono, 2013).

[18] Inseri no livro principalmente dados coletados entre 2011 e 2015. Dispus de alguns do período referente a 2016-2019, que representavam mudanças de pensamento ou situações importantes, mas permaneço analisando o material.

[19] Fonte: https://www.youtube.com/channel/UCmofVw_WgKPDy3pEiXLskug. Acesso em 7 de novembro de 2019.

[20] A imagem que segue foi retirada de: http://www.diantedotrono.com/sites/cobertura-mulheres-2014/fotos/. Acesso em 13 de setembro de 2017.

[21] O trecho na íntegra compreende os versículos de 10 a 31. A citação feita é um recorte.

[22] Na íntegra: "Eu sou amada do coração do Pai | Cuidada pelo Seu amor | Com todas as bênçãos me abençoou | Eu sou menina dos Seus olhos, sou Sua flor | O Seu amor por mim Jesus provou | Meu grande amigo, meu ajudador | Mulheres virtuosas, mais do que joias preciosas | Nesta geração vamos brilhar | Mais do que joias preciosas | Nesta geração vamos brilhar | Eu sou mulher em quem se pode confiar | Em minha casa nada faltará | E tudo que faço prosperará | Eu sou mulher batalhadora e de oração | Guardando minha família na unção | Os meus amados cuidados estão | Enganosa é a beleza | E a formosura é tão passageira | Mas a mulher que teme ao Senhor será louvada" (música: Mulheres virtuosas, Diante do Trono).

[23] Esta imagem foi retirada de: http://onovodogospel.blogspot.com.br/2014/08/diante-do-trono-realiza-o-4-congresso.html. Acesso em 14 de setembro de 2017. A fonte original é o *site* do Diante do Trono, que sempre disponibiliza, via vídeos e imagens, a cobertura de seus eventos: http://www.diantedotrono.com/sites/cobertura-mulheres-2014/ç. No entanto, a imagem se refere a ao congresso de 2014 que, em novembro de 2019, já não estava mais no ar.

[24] Clara Mafra, "Gênero e estilo eclesiástico entre os evangélicos", in: Rubem César Fernandes *et al* (Eds.), *Novo nascimento: os evangélicos em casa, na igreja e na política* (Rio de Janeiro: Muad, 1998), p. 224-250.

[25] Maria das Dores Campos Machado, *Carismáticos e pentecostais: adesão religiosa na esfera familiar* (São Paulo: Anpocs, 1996).

[26] Existem diversos coletivos que produzem materiais para informar as mulheres a esse respeito. Veja, por exemplo, o violentômetro – régua que classifica ações violentas contra as mulheres, produzida pelo Ministério da Saúde.

Ver:
https://www.correiobraziliense.com.br/app/noticia/cidades/2018/11/26/interna_cidadesdf,721684/acao-da-secretaria-de-saude-conscientiza-sobre-violencia-contra-mulher.shtml. Acesso em 21 de outubro de 2019.

[27] Ver, por exemplo, os dados da seguinte reportagem: https://g1.globo.com/ciencia-e-saude/noticia/maioria-dos-casos-de-violencia-sexual-contra-criancas-e-adolescentes-ocorre-em-casa-notificacao-aumentou-83.ghtml. Acesso em 10 de novembro de 2019.

[28] Véronique Boyer-Araújo, "'Macumbeiras' e 'crentes': as mulheres veem os homens", *Horizontes Antropológicos*, v. 1, n. 1, 1995, p. 131-142.

[29] Clara Mafra, "Gênero e estilo eclesiástico entre os evangélicos", in: Rubem César Fernandes *et al* (Eds.), *Novo nascimento: os evangélicos em casa, na igreja e na política* (Rio de Janeiro: Muad, 1998), p. 224-250.

[30] Fonte: https://reverb.com.br/artigo/a-historia-apagada-da-irma-de-mozart. Acesso em 26 de outubro de 2019.

[31] Fonte: https://jornalggn.com.br/noticia/onze_crueis-casos-de-mulheres-excepcionais-da-historia-que-foram-abafadas-por-homens-por-sara-navas/. Acesso em 26 de outubro de 2019.

[32] Fonte: https://darkside.blog.br/5-vezes-em-que-grandes-mulheres-da-ciencia-tiveram-suas-conquistas-silenciadas/. Acesso em 26 de outubro de 2019.

[33] Nos Estados Unidos, Valadão compareceu a um congresso de esposas de pastores, no qual conheceu Devi Titus, que já atuava nesse tipo de trabalho eclesiástico há 10 anos.

[34] Fonte: https://educa.ibge.gov.br/jovens/conheca-o-brasil/populacao/18320-quantidade-de-homens-e-mulheres.html. Acesso em 24 de outubro de 2019.

[35] Maria das Dores Campos Machado, "Representações e relações de gênero nos grupos pentecostais", *Revista de Estudos Feministas*, v. 13, n. 2, 2005, p. 387-396.

[36] Fonte: https://www.youtube.com/watch?v=0foK2nG8nw4. Acesso em 24 de outubro de 2019.

[37] Paul Freston, "The Universal Church of the Kingdom of God: a Brazilian church finds success in Southern Africa", *Journal of Religion in Africa*, v. 35, n. 1, 2005, p. 33-65.

[38] Fonte: https://www.academia.edu/14147418/O_BRASIL_RELIGIOSO_QUE_EMER GE_DO_CENSO_DE_2010_CONSOLIDA%C3%87%C3%95ES_TEND%C3 %8ANCIAS_E_PERPLEXIDADES. Acesso em 24 de outubro de 2019.

[39] Entre várias possíveis, veja Clara Mafra, "Relatos compartilhados: experiências de conversão ao pentecostalismo entre brasileiros e portugueses", *Mana*, v. 6, n. 1, 2000, p. 58-85.

[40] Micael Herschmann, "Emergência de uma nova indústria da música: crescimento da importância dos concertos (e festivais), retorno do vinil, popularização dos *tags* e dos videogames musicais", trabalho apresentado no 33º Encontro Anual da Associação Nacional de Pós-Graduação e Pesquisa em Ciências Sociais (Anpocs), Caxambu, Minas Gerais, 2009.

[41] Veja mais sobre isso em Maria Luiza Heilborn, "Corpos na cidade: sedução e sexualidade", in: Gilberto Velho (Ed.), *Antropologia urbana: cultura e sociedade no Brasil e em Portugal* (Rio de Janeiro: Jorge Zahar, 1999), p. 98-108.

[42] Cristina Maria de Castro e Nina Rosas, "The centrality of the female body in Brazilian culture: Evangelical and Muslim responses", *Journal of Contemporary Religion*, v. 34, n. 2, 2019, p. 275-290.

[43] Os parágrafos que seguem foram escritos sobretudo a partir de dois textos da autora Angela McRobbie: *The aftermath of feminism* (Londres: Sage, 2008); "Notes on the perfect: competitive femininity in neoliberal times", *Australian Feminist Studies*, v. 30, n. 83, 2015, p. 3-20.

[44] Veja o estudo de Gustavo Barreto, noticiado pela BBC Brasil: https://www.bbc.com/portuguese/noticias/2015/08/150819_racismo_imigrantes _jp_rm. Acesso em 12 de novembro de 2019.

⁴⁵ Sobre este assunto, a principal referência é Jane Nelsen, *Disciplina positiva: o guia clássico para pais e professores que desejam ajudar as crianças a desenvolver autodisciplina, responsabilidade, cooperação e habilidades para resolver problema* (Barueri: Manole, 2016).

⁴⁶ Fonte: https://www.youtube.com/watch?v=JaKydaPzGfk. Acesso em 6 de novembro de 2019.

⁴⁷ A citação deste parágrafo é retirada da mesma entrevista: http://g1.globo.com/minas-gerais/videos/v/clara-tannure-do-gospel-a-chora-boy/7708696/. Acesso em 6 de novembro de 2019.

⁴⁸ Hazel Rowley, *Tête-à-tête: Simone de Beauvoir e Jean-Paul Sartre* (Rio de Janeiro: Objetiva, 2011). A frase de Beauvoir citada neste parágrafo é retirada da página 33 do livro.

⁴⁹ As reflexões que evoco sobre a masculinidade se pautam principalmente nos seguintes textos: Cecília Loreto Mariz, "Alcoolismo, gênero e pentecostalismo". *Religião e Sociedade*, v. 16, n. 3, 1994, p. 80-93; Veronique Boyer-Araújo, "'Macumbeiras' e 'crentes': as mulheres veem os homens", *Horizontes Antropológicos*, v. 1, n. 1, 1995, p. 131-142; Patrícia Birman, "Mediação feminina e identidades pentecostais", *Cadernos Pagu*, n. 6-7, 1996, p. 201-226; Clara Mafra, "Gênero e estilo eclesiástico entre os evangélicos", in:, Rubem César Fernandes *et al* (Eds.), *Novo nascimento: os evangélicos em casa, na igreja e na política* (Rio de Janeiro: Muad, 1998), p. 224-250; Maria Thereza Couto, "Gênero, família e pertencimento religioso na redefinição de ethos masculinos e femininos", *Revista AntHropológicas*, v. 13, n. 1, 2002, p. 15-34; Marjo de Theije, "'São metade macho, metade fêmea': sobre a identidade de gênero dos homens católicos", *Revista AntHropológicas*, v. 13, n. 1, 2002, p. 47-56.

⁵⁰ Ver: https://exame.abril.com.br/brasil/menino-veste-azul-e-menina-veste-rosa-diz-damares-em-video/. Acesso em 2 de novembro de 2019.

⁵¹ Veja mais sobre o assunto na análise detalhada de Maria das Dores Campos Machado, "O discurso cristão sobre a 'ideologia de gênero'", *Estudos Feministas*, v. 26, n. 2, 2018, p. 1-18.

⁵² O relato bíblico sobre Sodoma e Gomorra é encontrado em Gênesis, capítulo 19.

[53] Maria das Dores Campos Machado, "Conversão religiosa e a opção pela heterossexualidade em tempos de aids: notas de uma pesquisa", *Sociedad y Religión*, v. 14-15, 1996, p. 33-50.

[54] Marcelo Natividade, "Homossexualidade, gênero e cura em perspectivas pastorais evangélicas", *Revista Brasileira de Ciências Sociais*, v. 21, n. 61, 2006, p. 115-132; idem, "Sexualidades ameaçadoras: religião e homofobia(s) em discursos evangélicos conservadores", *Sexualidad, Salud y Sociedad*, v. 2, 2009, p. 121-161.

[55] Referência ao Evangelho segundo Mateus, capítulo 13.

[56] A síntese apresentada abaixo foi retirada de Anthony Giddens, *Sociologia* (Porto Alegre: Artmed, 2012), capítulo 14. No entanto, há inúmeros textos que podem servir de apoio, dentre eles, Helena Hirata *et al.* (Orgs.), *Dicionário crítico do feminismo* (São Paulo: Unesp, 2009).

[57] As considerações sobre o feminismo brasileiro se pautaram em Carla Cristina Garcia, "Breve histórico do movimento feminista no Brasil". Disponível em: https://flacso.org.ar/wp-content/uploads/2015/08/Capitulo-brasil-historia-do-feminismo.pdf. Acesso em 31 de dezembro de 2019.

[58] Essa ideia é baseada na Teologia do Domínio, sobre a qual dedico um dos capítulos da minha tese. Veja nota 9 para referência.

[59] Leonardo Avritzer, "O que as manifestações no Brasil nos dizem?" Fonte: http://democraciaejustiça.org/cienciapolitica3/node/1054. Acesso em 7 de março de 2014.

[60] Veja, por exemplo, as falas citadas em: https://www.cartacapital.com.br/politica/bolsonaro-em-25-frases-polemicas/. Acesso em 12 de novembro de 2019.

[61] Maria das Dores Campos Machado, *Carismáticos e pentecostais: adesão religiosa na esfera familiar* (São Paulo: Anpocs, 1996).

[62] Ver, por exemplo: https://www.huffpostbrasil.com/2017/08/29/o-que-foi-o-kit-gay-material-escolar-sobre-homossexualidade-criticado-por-bolsonaro-e-ines-brasil_a_23188320/. Acesso em 12 de novembro de 2019.

[63] Faço referência às diversas menções sobre isso feitas na Epístola de Paulo aos Gálatas.